ZOUHAIROU OUSMANE

À la vie, à l'épanouissement

ZOUHAIROU OUSMANE

À la vie, à l'épanouissement

Éditions Muse

Imprint
Any brand names and product names mentioned in this book are subject to trademark, brand or patent protection and are trademarks or registered trademarks of their respective holders. The use of brand names, product names, common names, trade names, product descriptions etc. even without a particular marking in this work is in no way to be construed to mean that such names may be regarded as unrestricted in respect of trademark and brand protection legislation and could thus be used by anyone.

Cover image: www.ingimage.com

Publisher:
Éditions Muse
is a trademark of
Dodo Books Indian Ocean Ltd. and OmniScriptum S.R.L publishing group

120 High Road, East Finchley, London, N2 9ED, United Kingdom
Str. Armeneasca 28/1, office 1, Chisinau MD-2012, Republic of Moldova, Europe
Printed at: see last page
ISBN: 978-620-4-96533-8

À la vie

À l'épanouissement

ZOUHAIROU
OUSMANE

À mes défunts père et mère

SOMMAIRE

Préface

Qui dit "vivre" parle de souffrance mais aussi de bonheur. Quelle est la recette pour atteindre le véritable bonheur ? En vérité, toute la beauté de la vie se résume à poursuivre le bonheur en permanence. Lorsqu'on atteint le bonheur, notre vie commence par perdre son sens. Mener une bonne vie consistera donc à traverser plusieurs difficultés, passer à travers diverses expériences, faire des erreurs, apprendre des erreurs, s'améliorer et devenir une meilleure personne au jour le jour. Mener une bonne vie consistera à adopter une certaine vision du monde et un certain type de comportement. Mener une bonne vie consistera en des accomplissements d'objectifs. Dans cet ouvrage, nous essayons d'aborder quelques sujets phares qui constituent un tant soit peu l'essence de la vie sur terre. Comment réagir face aux événements bons comme mauvais ? Comment faire face à l'adversité ? Comment vivre en société ? Comment gérer son argent ? En quoi consiste la discipline ? Comment gérer ses émotions ? Quelles sont les substances pour atteindre ses objectifs ? L'amour, le sexe et la vie maritale, que peut-on dire à propos ? Quelle définition peut-on donner à la réussite ? Voilà autant de questions sur lesquelles nous essayons humblement d'apporter notre point de vue dans l'espoir que tout-un-chacun puisse en tirer un quelconque bénéfice.

LES COUPS DURS

On ne saisit pas toujours le sens des mots « La vie te portera des coups durs » les premières fois où ils résonnent dans notre tête. On ne comprend pas toujours que ce sont des combats invisibles, inattendus et inespérés que l'on sera appelé à mener dans l'avenir. On est tous sur terre pour souffrir d'une manière ou d'une autre. Ce qui pour l'un ne représente qu'un événement sans grande importance, peut ronger intérieurement une autre personne. On se demande parfois, alors qu'on n'a pas encore été fouetté par les circonstances désastreuses de la vie, alors qu'on a encore l'insouciance du jeune âge, alors qu'on est encore chéri par les nôtres, alors qu'on n'a de souci que comment faire pour apporter de bonnes notes aux parents, comment est-ce que la vie peut être difficile. Pour ceux qui choisissent le chemin de la différence et de la grandeur, les combats peuvent encore être plus compliqués.

Ce n'est pas une chose qu'il est aisé d'expliquer d'autant que seuls ceux qui ont pris ce même chemin - et peu sont-ils – ont la capacité de voir votre souffrance derrière les manifestes erreurs que vous commettez. Au début, lorsqu'on se dit qu'on veut emprunter le chemin de l'auto-construction, de la liberté (puisque tout se résume à cela), ce chemin qui permet de s'accomplir du mieux qu'on peut, et de ne surtout pas suivre les attentes des autres, on ne peut s'imaginer la cruauté que la vie va nous faire affronter ; malgré qu'on se croit être prêt pour y faire face. En réalité, nous ne sommes que des humains. On a beau clamé que nous sommes illimités en matière de capacités et de potentialités, il n'en demeure pas moins que nous ne sommes pas capables de voir venir les coups les plus durs de la vie. Ce sont parfois des coups qui ne préviennent point ; d'autres fois on les voit venir et on se croit prêt à les accueillir. Cependant, ils se présentent assez souvent comme des cataclysmes qui surgissent de nulle part et nous froissent au plus profond de notre être, en nous laissant complètement vide. Alors qu'on croyait avoir fait ce qu'il fallait pour éviter les ennuis, alors qu'on croyait avoir pris toutes les précautions, alors qu'on croyait avoir évalué toutes les marges d'erreurs ! C'est alors qu'on se rend compte qu'on ne peut esquiver les coups durs de la vie, mais qu'on ne saurait que les prendre et les supporter, les accueillir malgré la douleur qu'ils provoquent et pourtant continuer à avancer face à eux. Mais il n'est point aisé de les affronter puisqu'ils se présentent sous des formes qu'on avait jamais imaginées. Et même quand on les voit venir, on ne se représente pas, à sa juste valeur, leur ampleur.

Ce qu'il faut faire dans ce genre de circonstances ? Non, il n'y a pas de formule exacte. Que dire ? Il n'y a pas de moyen de prévention. Il n'est point possible de ne pas prendre des coups. Mais il faut savoir comment affronter. Oui, puisque c'est là où se trouve la vraie problématique. En effet, presque tout le monde peut affronter les problèmes, d'autant que chacun ne reçoit d'épreuve que ce dont il a la capacité. Mais comment affronter chaque difficulté va déterminer la suite des événements. Ce n'est point aisé de faire alors les choses comme il le faut. Il faut en effet noter que la vie nous fouette sur nos points les plus sensibles afin de tester notre vigueur, notre résistance et notre résilience. Pour beaucoup, c'est l'honneur qui est affecté. Or, les hommes et femmes de grandeur ne tiennent à rien plus que leur honneur. La vie les éprouve donc sur ce point qui est finalement leur talon d'Achille. Ils peuvent alors se retrouver à se contredire, à faire ce qu'ils ont toujours prêché de ne pas faire, à aller à l'encontre de leurs propres principes, à se noyer dans des addictions dont ils n'arrivent souvent pas à se défaire. Et quand tout est rendu public, alors c'est littéralement la honte. Et la honte, ça vous colle à la peau presque indéfiniment. Pour redorer son blason, il faudra un miracle. Mais une forte détermination permet toutefois de créer une autre histoire qui ne viendra pas forcément effacer les précédentes – puisqu'elles ne peuvent pas être effacées – mais qui servira peut être à leur donner du sens, à les expliquer, à les compléter ou encore à vous permettre de créer une toute autre image plus forte et plus honorable cette fois-ci. Mais encore, tout dépend de la manière dont vous allez accueillir les choses, et de la manière dont vous allez les traiter.

◆◆◆

Cependant, quelle est la clé pour bien traiter les choses ? Le self-control ! Est-ce facile d'avoir le self-control ? Non ! Que faut-il alors ? La foi que tout a une fin et que tout passe ! La situation dans laquelle on se trouve n'est jamais éternelle à moins qu'on décide soi-même de l'éterniser. Comment l'éterniser ? En refusant de voir les choses en face ! En essayant de fuir ! En faisant preuve d'irresponsabilité. Quand vous avez commis des erreurs, osez leur faire face. Quand vous avez blessé des personnes et surtout des proches, osez demander pardon, osez vous excuser, osez reconnaître que vous avez eu tort. Et alors, vous bâtirez en vous une seconde source d'énergie qui vous permettra de poursuivre l'aventure qu'est la vie. Faites attention cependant à ne pas vous rabaisser au plus bas niveau. Le risque en effet ici est de vous faire piétiner par ceux qui ne méritent peut-être même pas votre respect. Soyez humbles et modestes, mais gardez la tête haute car vous n'êtes après tout qu'un humain, un être susceptible par conséquent ; la perfection n'étant que le propre du Créateur de l'Univers.

LE SELF-CONTROL

Savoir prendre le dessus sur ses émotions ; à mon avis, c'est la définition basique du self-control. Le self-control est le fondement de la discipline. Et la discipline est la pierre angulaire de toute forme de réussite. À chaque instant, nous sommes sujets aux tentations liées à la manifestation de nos émotions. Ce que ces dernières nous donnent envie de faire sont parfois des suggestions à des actes de plaisir, et d'autres fois, des incitations à des actes d'auto-défense et de protection ; le cerveau étant programmé pour survivre. C'est d'ailleurs la raison pour laquelle on remarque que la première idée qui nous vient en tête lorsque nous faisons face à des difficultés est la fuite. Malheureusement, si dans certaines situations, le fait de prendre ses jambes au cou aide à se sauver, ce n'est pas toujours la meilleure option dans d'autres situations. Face à certaines difficultés, la fuite permet simplement de retarder les conséquences de nos actes et de nous soumettre au supplice de la peur ; la peur étant – à mon avis – le pire sentiment qui puisse animer une personne. En fuyant une situation difficile à traverser, l'on suit ses émotions et se condamne au regret pour le reste du temps. À moins de revenir pour prendre ses responsabilités. Et ceci vient une fois encore confirmer les dires précédents : on ne saurait esquiver les coups durs de la vie ; il faut les encaisser et continuer à avancer malgré tout.

◆◆◆

Revenons sur le self-control. Le self control suppose la maîtrise plus ou moins intégrale de ses émotions, et par conséquent, de ses passions. Non, il ne s'agit pas d'éviter toute forme de passion. Il s'agit plutôt de sélectionner le type de passion qui peut être assouvie à un moment précis de la vie et s'éloigner du type de passion qui risque de nous porter préjudice si on s'y livrait à un instant T. Suivre complètement ses passions sans faire intervenir la raison est un ticket direct pour votre propre perte. Si l'on devrait faire l'amour à toutes les femmes qui lui plaisent, alors vous agréerez que c'est une vie de débauche et de ruine qui se dessine sans aucun doute. Si l'on devrait insuffler une gifle à autrui chaque fois qu'on en a envie, alors on ne pourrait plus vivre en société. Si l'on devrait conduire à vive allure sur tout type de tronçon, alors ce sont des dégâts de grande envergure qui seront au rendez-vous. Si l'on devrait continuer à dormir toute la journée, alors on mourra certainement de faim. Combien de fois avons-nous regretté d'avoir fait telle ou telle chose sous l'impulsion de la passion ? Si vous avez vécu beaucoup d'expériences, alors vous répondrez certainement qu'il y a trop de fois où votre désir de satisfaire votre passion vous a mené à d'amers regrets. Ce qu'il est facile de faire dans la vie, c'est de suivre ses passions. Pourtant, il faut faire ce qui est difficile pour prétendre à la réussite. Mais s'il est vrai que le fait de suivre tout le temps ses désirs conduit à mauvais port, il n'en demeure pas moins que le véritable succès dans la vie passe par l'accomplissement de ce qui nous passionne. Paradoxe ? Pas vraiment. Il faut en effet remarquer d'une part que les passions sont de différents types. D'une part, il y a la passion qui se définit par le fait de suivre son instinct 'animal'. Et d'autre part, il y a la passion ; ce truc qui brûle à l'intérieur de nous et qui se définit comme ce qu'on a envie d'accomplir, cet objectif qu'on a envie d'atteindre, ce métier qu'on a envie de faire, cette carrière qu'on a envie d'avoir, cette étude qu'on a envie de suivre, cette activité à laquelle on a envie de s'adonner à l'instant présent, et parfois pour le restant de ses jours. Mais tenez-vous bien : Réaliser sa passion passe inexorablement par la maîtrise quasi-totale de ses passions. Vous avez certainement compris l'idée qui est sous-tendue.

◆◆◆

Par ailleurs, lorsqu'on parle de self-control, il ne s'agit pas uniquement de maîtriser les caprices de ses passions. Le self-control suppose également la maîtrise des sentiments d'autres types tels que la peur qui empoisonne et inhibe toutes les capacités et potentialités d'une personne. La peur n'est en réalité que la conséquence d'une réaction de cerveau qui sécrète du cortisol pour nous mettre en état d'alerte afin de prévenir un danger et de le fuir si possible. La peur résulte de notre instinct de survie. Mais elle ne nous est pas souvent profitable dans la réalisation des grands objectifs que l'on s'est fixés.

La peur n'est en réalité que l'imagination d'une chose ou d'un scénario qui n'existe pas encore et qui n'existera certainement pas. Le cerveau voit cette représentation imaginaire comme un danger et se prémunit par conséquent. Mais la réalité est que cette imagination n'est en rien d'autre qu'une imagination. Elle ne définit pas forcément ce que la réalité sera dans les moments qui suivent. Toutefois, il faut savoir que le cerveau se met souvent en état de peur quand nous faisons preuve d'hésitation. Une fois que vous hésitez avant de faire quoi que ce soit, le cerveau (qui n'est en réalité rien d'autre que le résultat d'une très longue évolution physique et métaphysique) se met en état d'alerte se disant que si vous hésitez, c'est sûrement parce que vous êtes face à un danger. La peur est généralement donc la résultante de l'hésitation. C'est dans ce sens que j'aime bien la phrase « JUST DO IT ». Tant que votre action n'est pas supposée porter atteinte ni à vous-même, ni à qui que ce soit, qu'elle ne défie pas les lois de l'univers et que l'envie de la faire brûle en vous, alors agissez sans réfléchir. Ne faites pas fi de la peur. La peur paralyse l'esprit, et par voie conséquente, le corps. Je ne saurais compter le nombre de fois où j'ai perdu des opportunités pourtant très simples à saisir à cause de la peur. Je ne saurais compter le nombre de fois où j'ai raté l'occasion d'avoir une très bonne fille en ma compagnie juste à cause de la peur. Et toutes ces fois, j'ai remarqué que l'élément déclencheur de la peur n'était rien d'autre que l'hésitation. On hésite lorsqu'on commence par douter de sa propre valeur et/ou parce que notre égo prend le dessus et devient notre handicap. Alors, on a peur d'être rejeté par l'autre, et de voir sa propre fierté bafouée.

CONTROLER LA PEUR

La meilleure façon de lutter contre la peur et l'hésitation consiste à se demander ce qu'on a à perdre. On se rend très vite compte ensuite qu'on a rien à perdre et que c'est simplement le mental qui joue des tours. Alors, si vous êtes tenté de faire quelque chose qui n'est moralement pas reprochable, just do it ; faites-le tout simplement. Rappelez-vous que vos plus grands regrets dans la vie seront les choses que vous n'avez pas faites, et non les erreurs que vous avez commises. Ceci me remémore la fois où mon père, en me conseillant, me dit que si j'ai quelque chose à dire, il faut que je le dise. Ce dernier conseil est cependant à prendre avec réserve. J'ai en effet compris que parfois le silence est la meilleure réponse. En effet, le self-control consiste également à savoir garder le silence malgré toute l'envie qu'on a de sortir des mots pour exprimer ce qu'on ressent. Malheureusement, quand on est submergé par les émotions, les mots qu'on sort ne sont pas toujours appropriés. Le risque de « glisser » dans sa parole est très élevé.

◆◆◆

On ne saurait tout dire sur le self-control, et nous n'avons pu aborder qu'une partie du sujet. Pour finir, mon astuce personnelle pour avoir le self-control dans les situations critiques est simplement l'esquisse de sourire. Lorsque je suis tenté de faire des choses qui risquent de me nuire ultérieurement, ou qui ne sont pas commodes à l'éthique, je souris légèrement. Je le fais même quand je suis submergé par des envies charnelles. Et je suis étonné de remarquer que ça marche au moins pour un temps. L'idée consiste donc à me dire que ce n'est qu'une tentation passagère et que je suis au-dessus de cela. Je me dis qui j'ai le pouvoir sur mes émotions, et mon sourire que j'esquisse est en réalité un sourire moqueur qui prend en raillerie ces envies qui essaient de prendre le contrôle sur moi. Il s'agit en effet de communiquer souvent avec soi-même. Retenez en effet que votre meilleur ami, c'est vous-même. Vous êtes la personne la plus proche de vous-même ! Parlez donc à vous-même. Prenez le temps de mener des conversations à l'intérieur de vous-même. Passez moins du temps sur les téléphones, et devenez votre meilleur intérêt. Posez-vous des questions. Lorsque vous êtes sur le point de faire une chose qui semble sujet à des doutes, alors il faut que vous vous parliez à vous-même pour évaluer clairement les différents enjeux et les bénéfices. Vous verrez que c'est une sorte d'illumination, et vous allez avoir une meilleure maîtrise de vos émotions et de vous-même en général.

SILENCE OU PAS : QUAND FAUT-IL PARLER ?

Je me souviens du Professeur Didier Raoult qui, dans une intervention télévisée, affirmait : « Plus on parle, plus on risque de se contredire ».

Ne dit-on pas que le silence est le plus haut niveau de sagesse ? La parole est une arme puissante à double tranchant qui doit savoir s'utiliser à bon escient si l'on désire ne pas créer des dégâts. Mais il n'est pas toujours aisé de savoir quand parler et quand garder le silence. Personnellement, c'est quelque chose qui m'a beaucoup tourmenté durant ma vie. On me reprochait plusieurs fois de ne pas exprimer mes sentiments, de ne pas affirmer mes opinions, de ne pas dire ce qui me dérange au fond de moi et de ne même pas partager mes projets avec mes proches. Mais j'avais compris très jeune que le silence nous épargnait plusieurs accusations inutiles et constituait une sorte de protection. Lorsqu'on garde le silence, on ne peut être accusé d'avoir dit des mots inadéquats. Par ailleurs, le silence constitue une force en soi puisqu'elle permet d'exercer une sorte de domination sur toute personne qui se trouve à vos côtés. Vous pouvez complètement déstabiliser une personne simplement en ne disant rien. Votre silence peut obliger l'autre à parler. Toutefois, si vous ne prenez garde, le silence peut devenir un argument contre vous. Il peut être désavantageux de se taire dans certaines circonstances.

Silence ou pas ?

Voici une question que je me pose très régulièrement. En particulier, lorsque je suis en face d'une personne à qui j'ai envie de faire des reproches. Toutes les fois où l'envie me prend de ramener à l'ordre une personne ou de corriger cette dernière, mon for intérieur me pose la question de savoir si je suis digne de faire des reproches à l'autre. Ce qui est évident est que chacun de nous se déplace avec son lot de défauts, ses démons et ses ténèbres. Nous avons tous des points noirs, des challenges intérieurs contre lesquels nous essayons de lutter quotidiennement ou pas. Alors chaque fois que je suis amené à faire de reproche à mon prochain, je me demande s'il ne faut pas garder le silence en lieu et place. Faut-il souvent parler ? Ou faut-il souvent garder le silence ? Très souvent, je me dis qu'au lieu d'essayer de ramener l'autre à l'ordre, je pourrais saisir l'occasion pour développer une qualité en moi : la patience. Vous ne voyez peut-être pas ce dont vous je parle exactement. Mais je prends le cas où vous vivez avec quelqu'un dans la même maison, et que cette dernière a un défaut flagrant qu'il manifeste très régulièrement. À titre illustratif, il s'agit d'un comportement qui vous exaspère souvent. Êtes-vous supposé lui demander chaque fois de ne pas agir de telle ou telle façon ? Au lieu de cela, se pourrait-il qu'il soit préférable de vous taire et d'apprendre à tolérer tout simplement ce défaut ? Cette question, j'ai commencé à me la poser pendant mon séjour au Maroc.

Comme souvent, on a toujours un ami qui est plus proche de nous que les autres. Le mien était une personne assez simple mais qui avait quelques petits défauts qui, parfois, pouvait vraiment me faire perdre les pédales. Parfois, il pouvait s'agir d'attitudes qui s'apparentaient vraiment à de l'inattention et/ou à de l'ingratitude. Son comportement m'énervait à tel point qu'une fois, j'ai décidé de m'éloigner complètement de lui, après que nous nous soyons disputés. Je me suis dit que j'allais désormais prendre de la distance avec lui. Mais il a eu le courage (quelque chose d'honorable), par la suite, de venir me voir pour qu'on essaie de parler de ce qui s'est passé. Je me suis encore donc mis en rogne, et ai commencé à citer des attitudes dont il faisait cas, et qui m'incommodaient. Mais à ma grande surprise, au lieu de se recroqueviller sur lui-même, il a aussi commencé par me citer des comportements que moi aussi j'avais, mais qu'il ne mentionnait pas. Ceci m'a complètement bouleversé ce jour-là, et je me suis posé des questions très sérieuses. Suis-je vraiment bien placé pour faire des reproches aux autres ? Finalement, mon ami et moi sommes redevenus proches, mais mon comportement a complètement changé. J'ai compris à partir de cet instant que la manifestation des défauts des autres peut être une occasion pour nous de nous développer personnellement. Mais d'un autre côté, une tierce question s'élevait également en moi. Garder le silence ne serait-il pas trop égocentrique ? D'autant qu'en faisant de reproches à l'autre, je pourrais l'aider à se corriger et à devenir une meilleure personne ! Alors silence ou pas ? J'avoue qu'aujourd'hui encore, je me pose la question.

En vérité, tant qu'on vit avec les hommes, on est confronté à ce genre de questions. Certaines personnes savent mieux gérer ces situations que d'autres. Quant à des tiers comme moi, ils sont moins tolérants au manque de tact, et ont du mal à supporter certaines choses. Cependant, en m'alignant avec la petite expérience que j'ai, je peux dire que la réponse se trouve dans l'équilibre. De manière générale, le silence est une grande qualité qui permet de s'en sortir et d'éviter des problèmes inutiles. Mais éventuellement, il peut être important de parler afin de remettre de l'ordre là où il semble en manquer. Par ailleurs, je pense qu'il s'agit de savoir analyser chaque situation pour savoir quelle est la meilleure orientation à envisager. En fonction de la personne qui est en face de nous, et en considération de la gravité du défaut qui nous incommode, il peut être préférable de parler pour le bien de tous. En réalité, tout réside dans la manière de parler. Et c'est parfois cette qualité qui nous manque. Et le savoir-parler est quelque chose qu'on peut apprendre dans le cadre du développement personnel. Ceci rejoint encore le fait que les défauts des autres peuvent être une occasion pour nous de nous améliorer.

◆◆◆

En somme, le silence peut aider à développer une grande patience ainsi que le sens de la tolérance. Tandis que le fait de parler correctement est une manière d'améliorer une qualité indispensable à la réussite dans la vie : la délicatesse ou le tact. Rappelons que dans le cas où vous gardez le silence, il faut savoir laisser couler. Il ne faut pas garder le silence en accumulant de la rancœur en soi. Si vous devez vous taire pour encombrer votre for intérieur avec de la colère, alors il serait préférable de parler pour vous libérer totalement. En parlant d'équilibre, il faut rappeler que toute la vie humaine se résume à savoir garder un certain équilibre en tout. Chez les musulmans, on parle d' « être une communauté du juste milieu ». En vérité, il est très facile de dévier dans l'excès dans quoi que ce soit. Il y a toujours une bonne raison de faire du mal comme il y a toujours une raison de faire du mal. Lorsque l'on n'a pas un profond sens de l'équilibre, on tombe vite dans l'exagération, et selon le cas, dans le fanatisme. Toute chose qui est nuisible à l'humanité.

PARLONS D'AMOUR

Chanté, glorifié, magnifié par certains, détesté, invectivé et maudit par d'autres, l'amour semble être un concept assez captivant.

Il peut être envoutant, dévorant, malicieux, et prendre des formes très diverses. Sa capacité autant à construire qu'à détruire est simplement mirobolante. Dans certains cas, il a permis à des hommes de révéler leur grandeur tel qu'eux-mêmes ne se l'étaient imaginé. Dans d'autres cas, l'amour a été la cause première de la descente aux enfers de certains individus. Mais d'aucuns soutiennent qu'il n'y a rien de plus beau que l'amour malgré tous les désarrois, tout le mal et toute la souffrance dont il peut être à l'origine. Ce dont on semble être sûr, c'est que chaque humain en a besoin pour atteindre une certaine forme de plénitude. On ne peut alors s'empêcher de se poser cette épineuse question qui semble traverser les époques sans toutefois trouver une réponse claire, précise, concise et fiable : QU'EST-CE QUE L'AMOUR ?

Certains le présenteront simplement comme un sentiment. D'autres diront que c'est une force extraordinaire. Des tiers iront encore plus loin pour dire que c'est la plus grande force qui existe dans l'univers. Selon certaines traditions, c'est le véhicule à travers lequel transite tout ce qui est énergie, y compris les âmes de toutes sortes. Des croyances (notamment soufis) veulent que Dieu ait créé l'univers à partir d'une portion de son amour. Alors on se repose à nouveau la question . QU'EST-CE DONC QUE L'AMOUR ?

Je ne saurais prétendre que j'ai la réponse adéquate à cette question. Qui suis-je pour avoir cette prétention ? L'ai-je vécu ? Certainement ! À combien de reprises ? Je ne sais exactement. Nous nous intéresserons singulièrement à l'amour romantique qui conduit deux personnes à être attirées l'un vers l'autre. Quand on sait que certains soutiennent que l'amour romantique ne se vit qu'une seule fois, mon doute au sujet de l'amour prend encore de l'ampleur. Ai-je jamais vraiment connu l'amour romantique donc si je pense avoir aimé plusieurs fois ? Personnellement, je pense que l'amour ne saurait être concrètement défini. J'aime me le présenter comme une sensation profonde qui peut animer une personne pour lui faire ressentir des émotions intenses à la vue ou à la pensée d'une autre personne, à priori, de sexe opposé. Dire encore que c'est une émotion serait « limiter » considérablement l'ampleur de la notion de l'amour, d'autant que ce dernier semble avoir un pouvoir de possession sur toute personne qui le vit ! Alors encore une fois, je me demande : QU'ENTEND-ON PAR AMOUR ?

Serait-ce ce coup de foudre qu'on a eu pour la première fois alors qu'on se trouvait encore sur les bancs du cours primaire ? Ce coup de foudre qui faisait qu'on perdait complètement le contrôle à la vue de cette âme « complémentaire » ? Ou serait-ce ce sentiment qui naît progressivement à l'endroit d'une personne qui nous séduit, lentement mais sans sûreté, du fait de son comportement, sa manière de rire, sa façon de marcher, son apparence, sa gentillesse, ses folies et les autres traits qui lui sont propres ? Je ne saurais le dire.

En parlant du cours primaire, je me souviens que j'avais un faible pour une élève qui était au CP. J'étais alors au CM2. Il était de coutume que les élèves les plus âgés de l'école aillent surveiller les plus jeunes dans leurs classes, lorsque les maîtres et maîtresses étaient occupés par une réunion ou autre activité. Je me souviens que mon premier regard sur cette fille a été suivi d'une accélération intense des battements de mon cœur, un phénomène que je n'avais point compris à ce moment. Cette fille qui semblait être la plus grande de sa classe avait eu une influence inimaginable et très soudaine sur tous les organes de mon corps. J'ai essayé par la suite de me ressaisir mais hélas ! Je n'arrivais pas à lutter contre cette sensation à la fois agréable et très gênante. Moi, qui avais l'habitude de jouer les gros durs quand j'allais pour surveiller les « petits », me retrouvai complètement inhibé et hypnotisé. Était-ce de l'amour ? Je ne saurais le dire. Ce dont je reste certain c'est que je n'avais pas le courage de regarder cette fille sans ressentir la chair de poule. Et lorsqu'elle lançait le regard vers moi et m'adressait la parole, c'était comme si un séisme se produisait en mon for intérieur. Ce jour-là, je suis soudainement tombé malade et suis devenu complètement cassé. De retour à la maison, je ne pouvais m'empêcher de penser à elle dans toutes mes actions. Les jours suivants, je faisais tout pour la voir lors des récréations et lors des sorties de classes. Je créais même des astuces pour provoquer notre rencontre dans des circonstances bizarres. Je ne me rappelle plus de la fin de cette histoire, mais je suis certain que je n'ai jamais pu l'approcher pour lui avouer mes sentiments.

Alors, était-ce de l'amour ou un simple coup de foudre ? D'ailleurs, quelle différence fait-on entre amour et coup de foudre ? Sont-ce deux notions divergentes ? Ou se complètent-elles ? Je sais que ce phénomène que j'ai ressenti avec cette fille, je l'ai ressenti à plusieurs reprises tout le long de ma jeunesse. Mais à partir d'un certain âge, je pouvais être fasciné par le charme d'une femme sans ressentir cette folie. Je me souviens encore d'une jeune femme qui venait travailler près de ma maison en tant que réceptionniste dans un atelier. Je devrais avoir 7 ou 8 ans, et cette femme devrait être dans la vingtaine d'âge. Chaque fois que je la voyais, mon cœur s'emballait et je ne pouvais m'empêcher d'être enthousiasmé. Malheureusement, pendant que moi je me voyais la marier, elle m'appelait « mon petit chéri». Humm ! Il est vrai qu'elle m'appréciait beaucoup mais c'était loin d'être ce que moi je voulais de sa part. Alors était-ce de l'amour ça ? Pour d'aucuns, la question ne se pose même pas. C'est juste un caprice d'enfance. Doit-on comprendre qu'un enfant ne peut tomber amoureux ? L'amour romantique est-il juste réservé aux adultes? J'aime bien me poser la question.

COUP DE FOUDRE, ADMIRATION, AMOUR ET VIE COMMUNE

À mon humble avis, il y a une différence entre l'amour et le coup de foudre. Le coup de foudre est inévitable à mon avis. Il existe ces personnes qui apparaissent dans notre vie, à un moment ou un autre, et qui nous déstabilisent complètement. On ressent alors cette flamme nous envahir soudainement sans pouvoir lutter contre. Ça, c'est du coup de foudre. Il existe également d'autres personnes qu'on rencontre et dont on ne peut s'empêcher d'apprécier des traits particuliers. Il peut s'agir de la beauté de visage, de la manière de parler, de la profondeur du regard, du charisme, de la confiance que cette personne a en elle-même, ou autre singularité. Dans ce cas, l'émotion ressentie s'apparente tout simplement à de la grande admiration. Malheureusement, certaines personnes la confondent à de l'amour et commencent par désirer l'individu concerné pour du sexe ou pour une relation. Les relations qui sont bâties tout simplement sur l'admiration d'un ou deux traits ne font généralement pas long feu. Bien sûr, il existe des cas particuliers où cette admiration est suivie progressivement d'une naissance de l'amour véritable. C'est alors le jackpot. Le coup de foudre n'est également pas un indicateur fiable quant à la construction d'une vie commune selon moi. Si vous vous fiez à ce genre d'émotion pour vous aventurer dans une relation sérieuse, vous êtes sûr, presque à tous les coups, de finir avec des regrets. Lorsque, une fois que vous avez plongé la tête, vous découvrez des défauts et défaillances chez l'autre, le coup de foudre disparaît tout comme il est né. Des coups de foudre, j'en ai connus assez dans ma vie. Et, par amour pour le risque, je m'étais souvent lancé. Mais toutes les relations que j'ai eues juste à cause d'un coup de foudre n'ont jamais perduré.

◆◆◆

Il me vient en mémoire cette fille que j'ai rencontrée, un soir, dans mon quartier. Je l'avais aperçue une ou deux fois. Comme d'habitude, j'en ai parlé avec enthousiasme à mon meilleur ami qui l'avait aussi déjà remarquée. La troisième fois où je l'ai vue, elle passait à une distance d'environ 50 mètres de moi. Très vite, j'ai pris mon scooter et l'ai suivi. J'ai rapidement évalué les différentes possibilités pour la coincer dans un lieu propice. Finalement, mon choix s'est porté sur un angle de rue où il y avait peu de lumière. J'ai donc vite supputé comment faire en sorte que la rencontre ressemble à une coïncidence, et j'ai pu la coincer exactement comme prévu. Il faut dire que lorsque l'on roule sur scooter dans ma ville, la vie est un plus facile. Je ne risquais pas trop de me faire snober ! Je l'ai arrêtée et lui ai fait la cour. Une relation amoureuse s'en suivra avant de s'arrêter, pas de commun accord, quelques mois après. Ce qu'il faut noter, c'est que j'avais eu une sorte de coup de foudre pour cette fille. Elle avait les rondeurs et une corpulence générale qui me fascinait. Son charisme, son regard et ses manières me plaisaient également. Elle dégageait une aura qui ne me laissait pas indifférent. Et c'est en réalité ce qui m'avait poussé à la draguer. Comme elle aussi semblait être fascinée par mon apparence, on a très vite engagé une relation, juste après trois rendez-vous. Malheureusement, au fil du temps, on a commencé par découvrir des défauts sur l'un l'autre. Des défauts qui vont lentement nous distancer après de multiples complications. On a fini par rompre, et pas de manière sympathique.

De telles aventures, j'en ai pas mal vécues. Elles ont construit ma petite expérience. Le coup de foudre et la simple admiration ne sont donc pas des leviers fiables pour construire une relation amoureuse solide et durable. Tout simplement parce qu'ils créent une attente de la part de l'autre. On s'attend à quelque chose d'extraordinaire avec l'autre. On ne s'apprête pas forcément à donner de soi. Et quand on commence par ne plus ressentir cette première flamme, l'ennui s'installe tout doucement. La question que l'on se pose alors est de savoir ce qui nous avait attiré chez l'autre.

Lorsque la déception pend place après qu'on ait découvert les mauvais côtés de l'autre, l'attirance diminue. Le désintérêt se propose et s'amplifie. La séduction physique peut être une porte d'entrée pour aboutir sur une relation sérieuse. Après tout, tout part d'un simple regard, puis d'une observation. Mais je pense qu'il faut éviter de se baser uniquement sur les traits physiques pour s'engager dans une véritable relation durable.

LE VERITABLE AMOUR ?

Par contre, l'étude de la nature et du comportement d'une personne peut nous aider à statuer quant au fait qu'on peut vivre avec elle sur le long terme ou non. C'est à juste titre que la tradition islamique veut que l'on se base sur le degré de piété d'une personne pour la marier. Et, contrairement à ce que beaucoup laissent croire, la piété ne repose pas premièrement sur l'accomplissement des actes rituels. Une bonne compréhension de la religion aide à savoir que le bon comportement est la base d'une religion accomplie. Qui craint Dieu agit bien envers les hommes et envers lui-même. Mon approche de définition personnelle de l'amour mettra donc en exergue le sentiment qui naît progressivement et s'amplifie au fur et à mesure que l'on découvre un individu, à priori, de sexe opposé. Ne dit-on pas que les choses qui se bâtissent étape par étape sont les plus durables. Dans une relation dont la genèse s'est axée sur la volonté de se connaître mutuellement et de faire des concessions réciproques afin que les choses marchent, un véritable amour naît. Cet amour s'amplifie au fil du temps, et ne fait que favoriser la bonne entente au fur et à mesure que les deux êtres prennent de l'âge. Cependant, il est intéressant qu'un lien existe entre les deux personnes dès le début. Vous savez sans doute qu'il existe des personnes avec qui, dès la première rencontre, l'on se sent tout de suite à l'aise. On a généralement l'impression d'avoir quelque chose en commun avec cette personne et la communication, verbale ou non, est très facile avec elle. Lorsque vous tombez sur ce genre d'individu, le développement d'un amour romantique stable est plus évident. Et je pense que c'est en cela que l'on parle d'une « âme-sœur ». Je me rappelle en écrivant ces mots, que mon feu père me conseillait en disant :

« Demande à Dieu de te donner ta femme. Si tu épouses la femme qui t'est destinée, tu seras heureux ».

Et plus je grandis, plus je me rends à l'évidence de la justesse de ses paroles. Moi qui aime tant le beau, et qui apprécie donc beaucoup les femmes très belles avec des courbes majestueuses, me retrouve parfois subjugué par certaines femmes qui n'ont rien d'extraordinaire en matière de beauté et de belles rondeurs. Ces femmes me plaisent simplement et je me retrouve alors à me questionner sur ce qui m'attire autant chez elles. Ce n'est souvent pas le coup de foudre. Mais je me sens relié d'une manière ou d'une autre, à elles. Quand on tombe sur ce genre de personnes, le courant passe très facilement. Et on est souvent prêt à faire les sacrifices nécessaires. On n'a aucune envie qu'elles partent. Par contre, j'ai remarqué que pour peu de chose, j'étais prêt à délaisser les filles dont c'est principalement le physique qui m'a attiré au début. Je ne sais pas si cela illustre les propos de mon père, mais je pense que l'établissement d'un certain lien naturel et abstrait est indispensable pour construire une relation amoureuse solide. Encore une fois, je ne saurais apporter une définition à ce que c'est que l'amour. Tout ce que je viens d'écrire n'est que ma simple opinion sur une petite partie du sujet. Et si mes propos se révélaient, éventuellement, constituer une vérité, ils ne le seraient que partiellement. Car, s'il est vrai que mes précédentes affirmations sont justifiées par certaines expériences vécues, l'observation de certains faits sociaux pourrait amener à les infirmer complètement. Et pour cause !

CONTRE-PROPOS

J'ai connu des personnes qui se sont véritablement et extraordinairement aimées, mais qui n'ont pas pu vivre ensemble. Parfois, ils sont allés jusqu'au mariage après de multiples sacrifices (affronts contre les parents et la société), mais qui n'ont pas pu établir une relation durable dans un foyer plus ou moins stable. Même après leur rupture, ils ont continué à s'aimer. Toutefois, leur vie commune n'a pas été possible sur le long terme. Avec tout le respect que je leur dois, je citerais l'exemple de mes deux géniteurs. Mon père a eu plusieurs femmes dans sa vie. Cependant, selon ses dires, il n'a jamais pensé devenir polygame. Mais ce sont les circonstances de la vie qui l'ont conduit à cela. Toujours selon ses propos, ma mère est la femme qu'il a le plus aimée dans sa vie. Même après le décès de ma maman, mon père m'avoua qu'il a continué à penser à elle et même à la voir dans ses rêves. Or, elle avait trépassé au moins 15 années suite à leur divorce. Selon les propos de ma mère, mon père est le seul homme qu'elle ait véritablement jamais aimé. Pourtant, les deux n'ont pas pu vivre définitivement ensemble. Je me souviens que j'étais encore à la maternelle ou au CI quand ils ont divorcé. Voilà un exemple qui démontre bien que l'amour ne conditionne pas l'établissement d'une relation durable. Il faut noter cependant que mes deux parents vivaient en Afrique, et l'on ne peut savoir quels ont été tous les enjeux ainsi que les forces visibles et invisibles qui sont entrés en jeu dans leur histoire. Quant à moi, je n'étais qu'un petit garçon.

Tout ceci amène encore à se poser des questions sur le véritable sens de l'amour et sa contribution dans la construction d'une relation et d'un foyer durables. Comme le dit l'autre, la vie n'a pas de formule exacte. L'amour aussi n'a pas de formule exacte. Chacun vit ses expériences et fait des ajustements en conséquence. De la puissance de l'amour Napoléon Hill classe l'amour parmi les sentiments ou les émotions les plus puissantes qui puissent animer une personne. Les autres étant l'envie sexuelle et la poursuite de l'argent. Et on comprend pourquoi sous l'influence de l'amour, certaines personnes ont pu réaliser des prouesses inédites. Il réveille en effet une des plus fortes pulsions qui puissent animer un humain : la pulsion sexuelle. Il s'agira donc pour tout-un-chacun d'avoir la chance de trouver l'amour authentique pour révéler des pouvoirs insoupçonnés. En matière d'amour, il n'y a pas véritablement de recette magique. Je dirais que c'est une question de chance. Mais tout homme et toute femme peuvent tout de même utiliser le bon sens pour juger si un(e) partenaire est idéal ou pas. Souvent, ce bon sens ne se développe qu'après plusieurs expériences, même si certains sont nés avec. Alors, que dire ? Bonne chance pour trouver l'amour idéal !

DU SEXE

Napoléon Hill définit l'émotion du sexe comme la plus puissante pulsion qui existe sur terre. Et qui saurait dire le contraire ? Une fois qu'on y a goûté, on n'est plus prêt de s'en défaire. Le sexe peut construire tout comme il peut détruire. Le sexe procure du plaisir mais il peut également vous plonger dans les plus profonds abîmes que vous connaîtrez dans votre vie. Personnellement, j'ai eu une expérience exceptionnelle en matière de sexe durant ma vie. Napoléon Hill ne disait-il pas lorsque le sexe est mal employé, il peut être la cause de désastres dans la vie d'un homme. Si l'on désire mesurer la puissance du sexe, il faut simplement voir comment on devient impuissant lors d'une éjaculation. Comme toute chose, concernant le sexe, il s'agira de savoir rester dans la modération. Les religions monothéistes interdisent toutes le sexe avant le mariage. Cette interdiction n'est évidemment plus respectée à l'ère actuelle. Il faut simplement jeter un coup d'œil à l'expansion de la fornication dans le monde pour s'en rendre compte. On ne saurait toutefois ne pas se poser la question de savoir quelles sont les causes justifiant l'interdiction du sexe hors mariage. À la base, il faut se rappeler que le sexe existe simplement pour favoriser la procréation. L'union de deux sexes opposés peut aboutir à la création d'une troisième vie. Le phénomène est identique chez les animaux autant que les végétaux. Les éléments, dans la nature, ont été créés par paire, et se veulent complémentaires.

Mais aujourd'hui, l'usage du sexe par les hommes a largement dépassé son but premier qui est de concevoir une autre vie. Aujourd'hui, nous allons plus au sexe pour prendre du plaisir que pour essayer de procréer. Rappelons cependant que même les religions autorisent les humains à tenir des rapports sexuels pour du plaisir, mais cela doit demeurer dans le cadre marital. Ce n'est donc pas un mal en soi d'aller au sexe juste pour du plaisir. Aussi, on se pose la question de savoir quelles peuvent être les conséquences d'un mauvais usage du sexe ! D'abord, comment utilise-ton mal le sexe ? L'excès de rapports sexuels constitue déjà un premier mauvais usage du sexe. Y en a-t-il d'autres ? Si on s'en tient aux principes religieux, oui ! Le sexe hors-mariage.

Mais, allons au-delà des frontières religieuses ! Doit-on choisir avec qui avoir du sexe ? Je pense que oui. Un homme ou une femme aux mœurs légères n'est sans doute pas un partenaire idéal avec qui l'on doit s'unir sexuellement. La simple première raison est que ce genre de personnes est, à priori, porteuse de maladies sexuellement transmissibles. Même si certaines personnes aux mœurs légères prennent bien soin de leur santé.

Rehaussons encore le niveau et élevons le débat au plan spirituel. Les plus sceptiques veulent croire que la dimension spirituelle n'est pas une réalité. C'est leur droit. Mais il faut simplement observer attentivement, et réfléchir profondément sur les éléments et les réalités qui nous définissent et qui régissent l'environnement, la nature, l'univers. Très vite, on se rend à l'évidence qu'il existe une réalité qui dépasse le physique. Même dans le physique, l'abstrait est effectif. Jusqu'aujourd'hui, on ne sait par exemple pas à quoi ressemble le courant. On ne saurait le décrire physiquement. On a juste une idée de ce qui peut le produire et des utilités qu'il peut avoir (les dégâts aussi, bien entendu). Jusqu'aujourd'hui, on ne saurait décrire physiquement le vent. Pourtant, il agit sur nous, on le ressent. Les exemples sont très nombreux pour démontrer la réalité de la spiritualité. Mais ce n'est pas le propos ici.

◆◆◆

Ce qui nous intéresse, ce sont les effets spirituels de la sexualité. Le sexe est bien plus qu'un acte qui nous permet d'atteindre l'extase parfois. Le sexe est un conduit. Au-delà du simple contact physique, un contact spirituel se produit entre les deux êtres qui vont au sexe ensemble. Je parlerais même d'un échange spirituel, un échange d'énergie. Et la mention d'énergie démontre d'ailleurs le lien entre ce dernier et la spiritualité. Beaucoup de physiciens soutiennent que tout est énergie. Même la matière peut être transformée en énergie car la matière contient de l'énergie. L'échange spirituel qui se produit entre vous et votre partenaire peut être positif comme il peut être négatif. Lorsqu'il est négatif pour vous, il peut engendrer faiblesse physique et surtout faiblesse spirituelle. Qui plus est, les forces énergétiques des uns dépassent parfois celles des autres. De manière générale, les forces les plus puissantes drainent les moindres. Si votre aura spirituel est moins puissante que celle de votre partenaire, cette dernière drainera, peut-être involontairement, votre énergie.

Allons encore dans une autre sphère. Le sexe peut constituer un véritable talon d'Achille permettant de vous atteindre en vous transmettant des maux spirituels. Il faut savoir que d'une manière ou d'une autre, une interaction existe entre les hommes et les esprits qu'on appelle génies, ou plus originellement, Djinns. Ces derniers, par des pactes ou par d'autres moyens, peuvent prendre possession du corps voire de l'esprit d'un être humain. Ils influencent alors, à divers degrés, selon le cas, la vie de la personne qui est possédée. Le pire, c'est qu'ils se présentent parfois agressifs face à un éventuel partenaire humain que la personne possédée en arrive à aimer. Celui-ci devient alors leur ennemi. Je ne saurais dire comment, mais ils arrivent également à influencer la vie de cette personne. Ils peuvent faire en sorte que ses activités ne prospèrent plus, qu'il hallucine régulièrement, qu'il soit en proie à des difficultés de toutes sortes dont notamment les complications financières. Ainsi, le sexe peut être un moyen par lequel des esprits, généralement mauvais, arrivent à influencer les événements de leur vie. Je sais que ces derniers propos ne seront pas admis par tous. D'aucuns n'ont particulièrement jamais entendu parler de cela. Tout ceci peut donc leur paraître comme une création. Mais c'est réel, cela existe. La prudence est donc de mise quant à l'utilisation du sexe. Il peut être à l'origine de votre arriération lorsque vous l'employez sans contrôle.

◆◆◆

Par contre, le sexe, utilisé de la bonne manière, peut être à l'origine d'un réel épanouissement. La clarté et la lumière qu'il apporte dans la vie d'une personne sont sans pareilles. Vous avez sans doute déjà constaté combien vous devenez lucide et avez plus de discernement certaines fois après avoir eu des rapports sexuels. De manière concrète, l'acte sexuel favorise la sécrétion de certaines hormones (notamment l'ocytocine) qui créent un sentiment de bonheur en vous. On comprend pourquoi d'aucuns développent des formes d'addictions sexuelles.

Qui parle de bonheur parle d'épanouissement. Et un être épanoui est généralement plus productif qu'un être malheureux. Le sexe peut donc vous permettre de développer plus naturellement des compétences favorables à une certaine forme de réussite. Le sexe peut donc vous créer le bon état d'esprit pour entamer et même poursuivre une action, une habitude, un projet ou autre initiative favorable à votre réussite. Le sexe est particulièrement efficace pour vous faire avoir une bonne dose de courage et de bravoure. Lorsque vous êtes sexuellement épanoui, vous avez parfois l'impression d'être invincible. Vous pouvez oser parler à des personnes que normalement vous n'oseriez pas aborder. Vous êtes moins enclin à la peur. Mais tout ceci n'est effectif que dans le cadre d'un bon usage du sexe. Tout ceci n'est effectif que lorsque l'acte sexuel a lieu avec le partenaire idéal. Tout ceci n'est effectif que lorsque l'union sexuelle est un tant soit peu sain. Tout ceci n'est effectif que lorsque les deux êtres entrent dans une profonde communion pendant leur rapport sexuel. Lorsque vous avez le ou la partenaire idéal(e), votre vie peut littéralement se transformer. On a même parfois l'impression que l'épanouissement de l'autre agit positivement sur le déroulement de notre vie. Le sexe avec amour est sans doute l'un des plus hauts niveaux de plaisir que l'on puisse connaître. Seul le sexe avec amour peut créer la communion la plus splendide entre deux êtres pendant leur acte sexuel.

◆◆◆

Il est vrai qu'aujourd'hui le monde a complètement changé et que de manière générale, la notion de sexe uniquement après le mariage semble être révolue. Cependant, il n'en demeure pas moins que c'est indubitablement la meilleure alternative pour qu'il existe une certaine forme d'ordre dans le monde, en matière de sexe. J'aime penser que la meilleure façon pour que le sexe soit réellement bénéfique à deux êtres, c'est qu'il ait lieu exclusivement dans le cadre d'un foyer ou tout au moins d'une union officielle. Cette complémentarité qui existe entre deux êtres ayant décidé de s'unir pour partager leur vie ensemble peut favoriser l'épanouissement sous toutes ses formes.

DU REGARD DES AUTRES

C'est sans doute l'un des plus gros problèmes dont souffre la génération actuelle. Et les réseaux sociaux en sont pour quelque chose. Aujourd'hui, la vulgarisation des plateformes supposées unir les personnes pour créer leur bonheur semble plutôt être à la source d'une réelle frustration, source de tristesse, de chagrin, de désespoir, de désarroi et même de dépression. Les couches sociales les plus touchées sont évidemment les jeunes de moins de 30 ans, et même plus. Ces derniers n'ont pas encore une très grande compréhension de la vie et comparent en permanence leur vie à celle des autres. Toute chose qui n'est pas idoine à un quelconque épanouissement.

Aujourd'hui, tout le monde essaie de se créer une vie sur la toile pour donner l'impression de paraître, pour plaire aux autres, ou pour les rendre jaloux. On est à la recherche de l'approbation des autres. Les « LIKE » sont venus aggraver la situation ! En postant une photo ou une vidéo, on est préoccupé par le nombre de LIKE qui seront apposés. En soi, ceci n'est pas un problème si c'est fait à des fins autres que celle visant la simple validation de la part des autres. Aujourd'hui, le regard des autres définit un grand nombre de personnes qui se retrouvent inhibés dans leurs projets de vie. Le fait qu'on se soit créé une fausse image virtuelle n'améliore point la situation. D'autant plus qu'on ne peut plus se « rabaisser » à certaines choses qui, pourtant, peuvent être à l'origine d'une certaine forme de réussite. Mais le phénomène du regard des autres n'est pas simplement lié aux réseaux sociaux. Le problème se présente comme un arbre à plusieurs branches.

Abordons le problème du regard des autres qui nous empêche d'entamer des actions, de faire des choix qui nous plaisent, de suivre notre cœur, d'aborder le chemin qui est le nôtre, et qui nous pousse plutôt à suivre les conventions afin de trouver la validation de la société. Une société qui, en réalité, s'en fout de notre bonheur. Chacun a sa vie ! Parlons de ce regard des autres qui fout des vies en l'air, crée la souffrance dans des foyers, brise des rêves, retarde ceux qui ont envie d'avancer et limite les espérances. Parlons du regard des autres qui n'est rien d'autre qu'un briseur de rêve. Qu'est-ce qui en est à l'origine ? Ou plutôt qu'est-ce qui est à l'origine du fait qu'on s'en préoccupe ?

POURQUOI ?

L'homme est un être social ! Toute initiative ou toute entreprise qui peut le conduire à se détourner un tant soit peu de cette nature est automatiquement réprimandée par son cerveau. Nous ne nous sentons complet que lorsque nous appartenons à un cercle social qui, d'une manière ou d'une autre, nous approuve. Pour avoir cette approbation, on est donc appelé à suivre les règles ou us qui régissent ce cercle social. Autrement dit, il faut pouvoir s'aligner aux conventions. Malheureusement, les hommes sont des êtres faillibles. Ils ne sont donc pas parfaits. Par conséquent, les supposées conventions ne sont forcément pas bonnes pour notre bien. En grandissant et en gagnant en maturité, on comprend que plusieurs règles sociétales établies par nos aînés ne sont pas forcément bénéfiques ou ne sont plus conformes aux réalités actuelles. Pire, les conventions constituent souvent des freins à notre évolution, à notre épanouissement. Comment donc réagir ? Il faut clairement se rebeller ! Mais comme en toute chose, il faut adopter la bonne manière. Comme susmentionné, l'homme a besoin d'une certaine forme d'approbation des autres pour se sentir au complet. Une rébellion trop violente peut entraîner votre rejet très brutal par les autres. Au fur et à mesure que je prends de l'âge, je comprends qu'il est mieux de trouver des moyens doux que de faire recours à la violence. Dans la plupart des situations de la vie, on gagne plus à être pacifique que violent. Notez toutefois qu'être pacifique ne signifie pas manquer de fermeté. Il faut être ferme mais avec un certain tact. Utiliser plus l'intelligence que la force est un excellent moyen d'atteindre son objectif dans la vie. Il faudra même faire preuve de ruse par moment, sans toutefois faire du mal à qui que ce soit. Je pense que c'est ce que l'on met dans l'intelligence émotionnelle.

Quelle réaction adopter face au regard des autres ?

D'un côté, je dirais qu'il faut s'en foutre royalement. D'un autre côté, je dirais qu'il faut savoir en tenir compte partiellement. En réalité, il faut pouvoir trouver l'équilibre. Comme précisé ci-haut, une rébellion trop violente peut se retourner contre vous. Mais si vous faites constamment fi de ce que les gens pensent, vous êtes sûr de ne jamais atteindre de grands objectifs.

DU MENSONGE

Il ronge, blesse, nous conduit à des actes ignobles, bouleverse les existences et tue la notoriété positive. Le mensonge est sans doute l'un des pires maux dont un homme peut souffrir. Les raisons pour lesquelles nous mentons sont nombreuses. C'est généralement pour ne pas blesser les autres ou pour essayer de se voiler la face. La peur aussi motive beaucoup le mensonge. On a peur des conséquences qui pourraient suivre le fait de dire la vérité. Nous recourons parfois au mensonge pour essayer de ne pas salir notre image, mais à la longue, c'est le mensonge qui détruit simplement notre image. « Tout le monde ment ». Voici une phrase qui a souvent attiré mon attention. N'existe-t-il pas des êtres qui ne mentent jamais ?

Je me souviens d'une séquence de film que j'ai suivie une fois. Un des personnages prétendait que le mensonge est indispensable pour bien vivre en société. Vrai ou faux ? Question utile ! Comme susmentionné, le mensonge est généralement utilisé pour essayer de ne pas heurter la sensibilité des autres. Ne dit-on pas que la vérité est amère ? On peut croire par conséquent que le mensonge est délicieux ! Pourtant, ce n'est qu'en surface. Si on revient à la thèse selon laquelle le mensonge peut être utile pour bien vivre en société, la cohérence se trouverait dans le fait que souvent les humains ne sont pas prêts accepter les critiques négatives. En les caressant dans le sens du poil, on arrive mieux à les séduire et à les faire se sentir bien. Est-ce pour autant qu'il faut leur mentir ? Je ne pense pas. Je pense qu'il n'y a rien de mieux que la vérité.

◆◆◆

De ma propre expérience, j'ai compris que le mensonge est l'un des pires défauts qui peuvent être collés à une personne. Selon le prophète de l'Islam, même si l'on doit avoir beaucoup de défauts, le mensonge ne doit pas en faire partie. Et je ne saurais désapprouver cette position. Quelques fois dans ma vie, j'ai eu à trahir la confiance de ceux qui croyaient fermement en moi. Ce n'était point dans l'intention de leur porter préjudice. Il n'en demeure pas moins que je l'ai fait. Très souvent, je me suis donné des arguments logiques pour faire ce que j'ai eu à faire. Et c'est là que j'ai compris que les pires actions peuvent être motivées par les meilleures intentions. Par ailleurs, toutes les fois où j'ai eu à trahir la confiance des miens, ce n'était pas l'action en soit qui les avait offusqués. Mais c'était plutôt le fait que je leur ai dissimulé la vérité qui les avait blessés. La même question revient très souvent : POURQUOI TU NE M'AS PAS DIT ÇA ?

Or, en mon for intérieur, je ne leur avais pas révélé la vérité pour en quelque sorte les protéger. Selon moi, le fait de leur dévoiler ma défaillance risquait beaucoup de les heurter. Il faut aussi dire qu'il y a l'égo qui intervient. On ne veut pas donner une mauvaise image. Mais je pense que les deux causes se rejoignent. Puisqu'en découvrant certains de nos gros défauts, les personnes qui nous aiment réellement sont choquées. Pour éviter cela, on essaie alors de rattraper nos erreurs ! Mais pendant ce temps, on essaie de se protéger. Pendant ce temps, on ment ! Le mal, c'est qu'un mensonge en entraîne un autre. Et de fil en aiguille, on se retrouve avec une montagne de mensonges qui nous pèse sur la conscience. On se retrouve avec des secrets qui nous empêchent de bien dormir. On se retrouve à essayer de camoufler tout le temps nos erreurs de peur que quelqu'un les découvre et nous expose. On peut même en arriver à faire cauchemars. Cependant, il existe des personnes qui dorment la conscience tranquille, même avec des piles de mensonge sur le cœur. Et je pense que c'est là le pire qui puisse nous arriver. Lorsque vos mensonges ne vous disent plus rien, ne vous créent plus d'insomnie et n'accélèrent pas le rythme des battements de votre cœur, alors vous avez noirci votre intérieur. Mais si vous êtes dérangé par tous les secrets qui vous pèsent dessus, alors il y a encore quelque chose de bon en vous. Et on peut dire que vous êtes une bonne âme.

Si on en revient aux troubles causés par le mensonge, le pire est que finalement les secrets finissent par se révéler. Du moins, s'il s'agit d'un mal qu'on a fait à autrui, cela ne se cache pas indéfiniment. Et c'est pourquoi il est préférable de les révéler, soi-même, à un moment donné.

Toutefois, il existe des cas exceptionnels où les mensonges restent à jamais couverts. Mais ceci est généralement effectif lorsqu'il s'agit de secrets qui ne portent pas atteinte à l'intégrité des autres. Lorsque notre mensonge ne fait du mal à personne, il peut demeurer un secret à jamais. Mais lorsque cela devient récurrent, la vérité finit toujours pas sortir au grand jour. Je pense que Dieu, dans sa bonté immense, protège l'honneur de ses serviteurs en couvrant leur mensonge les fois premières, et en leur donnant des issues de secours. Mais lorsque ces derniers prennent l'habitude de répéter les mêmes erreurs, Il finit par les exposer. Et c'est quelque part pour leur propre bien. En réalité, le mal que nous faisons finit toujours par nous rejaillir dessus tout comme le bien que nous faisons nous revient toujours. D'aucuns appellent ça le « KARMA ». Un ancien et feu président de la République du Bénin, Hubert K. MAGA nous le faisait comprendre dans une de ses phrases célèbres. Il signifiait que la nature rend toujours les coups et qu'aucune facture ne reste impayée.

◆◆◆

Au final, peut-on totalement éviter le mensonge dans la vie ? Je ne pense pas. Il y a toujours ces moments où le mensonge nous permet de nous sortir rapidement des situations embarrassantes certes. Mais l'idéal serait toutefois de se débarrasser totalement de ce défaut. Pour avoir une paix imperturbable du cœur, je pense qu'il faut complètement éviter de mentir. À défaut, on peut au moins essayer de ne pas se laisser aux grands mensonges. Parce qu'il existe des petits mensonges et de grands mensonges. Les petits mensonges ne font pas vraiment du mal à qui que ce soit. Parfois, ils constituent une manière de bonifier les événements et de faire profiter tout le monde. C'est parfois le meilleur recours pour calmer les situations. En particulier, les relations amoureuses ont besoin d'une petite dose de petits mensonges pour qu'il y ait du piment. Bien entendu, nous parlons des petits mensonges qui ont trait à l'exaltation de votre partenaire, les petits mensonges qui peuvent faire votre femme se sentir reine, etc.

Les grands mensonges, quant à eux, il faut les éviter ! Et, l'homme étant faillible, si l'on en fait, il faut vite rattraper le coup. Dès que vous remarquez que votre premier mensonge va en entraîner un autre, vous devez chercher le moyen d'arrêter la chaîne. Vous devez chercher comment rattraper le coup. Dites la vérité tout simplement. Trouvez la bonne occasion et libérez-vous. Si l'occasion parfaite ne se présente pas – et elle se présente rarement – saisissez n'importe quelle opportunité pour déclarer la vérité. Ne vous torturez pas davantage. Ce qui est intéressant est qu'une fois que l'on met fin à un mensonge, on ressent une grande libération. Un poids tombe ; et pas un poids des moindres. C'est à juste titre qu'il est dit que LA VÉRITÉ LIBÈRE. Permettez-vous la paix. Croyez-moi, il est plus intéressant de vivre dans une prison l'esprit tranquille que dans un château en ayant l'esprit dérangé.

Après tout, n'est-ce pas de la liberté que nous avons le plus besoin sur cette terre ? Et la vraie liberté intérieure, le mensonge nous en prive !

LA FAIM

Depuis tout petit, j'ai toujours aimé beaucoup manger. On m'avait d'ailleurs attribué plusieurs surnoms pour ce fait. Chaque fois que j'avais faim, l'aspect de mon visage changeait sans même que je ne fasse exprès. Cette réalité n'est pas propre à moi seule. Tout le monde change quand il a faim. La question de savoir si la faim est quelque chose de bénéfique ou non pour nous ! Elle semble anodine et pourtant !

Selon mes propres expériences, la faim peut créer des sentiments très dégoûtants et désagréables. Un des pires est le sentiment de désespoir et de découragement qu'elle provoque en une personne. Lorsque vous êtes très affamé, la réalité se tord. Vous avez parfois l'impression d'être dans le chaos. J'ai connu ces jours où le désespoir m'envahissait à tel point que j'avais l'impression que ma vie est la plus pitoyable sur terre. Mais il suffit que je mange et que je sois bien rassasié pour que la perception de ma vie change complètement. Je devenais tout à coup très heureux. Parmi les sentiments négatifs que la faim peut provoquer, il y a le manque d'estime en soir. Je me rappelle de ces fois où j'ai par exemple été incapable d'approcher des personnes et surtout des femmes parce que je n'avais pas confiance en moi. Je me sentais inférieur et ma voix reflétait ce manque de confiance. Dès que je mangeais, la réalité changeait complètement et je me sens le roi du monde. Je donnerai donc pleinement raison à ce dicton qui dit : « Quel que soit le problème auquel tu fais face, va manger d'abord. »

Parfois, la faim nous donne l'impression que les problèmes sont plus graves qu'ils ne le sont en réalité. Il y a ces jours où tous mes problèmes me montaient à la tête comme s'ils ne seraient jamais résolus. Et pourtant, dès que j'avais fini de manger, je voyais qu'ils n'étaient pas aussi importants que je le pensais. Je me souviens que nos parents avaient l'habitude de nous conseiller de manger d'abord avant d'aller où on devait aller. Ils disaient que l'on doit manger avant d'aller même à une fête puisque tu ne sais pas ce qui va se passer là-bas. La faim peut être très dangereuse lorsqu'on n'arrive pas à contrôler ses émotions. Le banditisme est essentiellement causé par la faim. La preuve est que les actes de violence se remarquent le plus souvent dans les ghettos et autres milieux défavorisés. (Bien sûr, les plus grands bandits vivent dans les endroits luxueux. Eux, leur vol est de haut niveau.) Plus le temps passe, plus je me rends compte l'alimentation (équilibrée) est essentielle pour arriver à un quelconque épanouissement.

◆◆◆

Sur le plan personnel, il faut pouvoir s'organiser pour que la faim ne fasse pas partie de vos problèmes. J'avais pris l'habitude, à une période de ma vie, de négliger la nourriture. Et cela m'a parfois entraîné dans certaines formes de dépression. Le plus déplorable, c'est que je ne me suis pas vite rendu compte que c'était la faim qui était à la base des sentiments négatifs qui m'animaient. Je me souviens que le jour où je m'en suis rendu compte au Maroc, c'était comme une révélation. Je me suis directement rendu chez mon épicier pour faire un bon plein de nourritures, à crédit bien sûr. Puisque je n'avais pas d'argent en ce moment. La faim n'est donc pas idéalement une bonne chose. Sachez d'ailleurs que j'ai eu l'inspiration de ce chapitre juste après avoir mangé un plat résistant. Avant cela, j'étais sur mon PC essayant de travailler. Mais je n'arrivais point à me concentrer. Je comprenais à peine la fiche que je lisais. J'avais l'impression d'être fatigué. Le pire, c'est que j'avais fait quelques séries de pompes et de gainage dans la matinée. Toute personne qui en a l'habitude sait combien ces exercices peuvent creuser le ventre et donner une grosse envie d'avaler de la nourriture. Après avoir avalé quelques gorgées de Télibo (un plat local béninois), je me suis complètement retrouvé. Le sourire m'est revenu tout naturellement. Et c'est là que j'ai eu l'inspiration d'accoucher un chapitre sur la faim.

◆◆◆

Mais s'il est vrai que la faim peut être dangereuse, il n'en demeure pas que la faim nous confronte à l'adversité. Et qui ne sait pas que c'est dans l'adversité que les plus grandes évolutions se trouvent ? Lorsqu'on a sérieusement faim, on sort évidemment de sa zone de confort. Et qui ne sait pas que la zone de confort peut être un handicap pour toute évolution notoire ? Quelque part, on peut donc affirmer que la faim peut être une bonne chose. À condition qu'on sache en profiter !

C'est avec la faim que j'ai pu apprendre certaines des plus grandes leçons de ma vie.

C'est dans les périodes où j'avais faim que j'ai pu accéder à de hautes dimensions philosophiques.

C'est dans les périodes où j'avais faim que j'ai été animé par le plus grand courage.

C'est dans les périodes où j'avais faim que j'ai eu les envies les plus folles de conquérir le monde.

C'est dans les périodes où j'avais faim que j'avais faim que j'ai eu le plus d'audace. Je me souviens que c'est dans des périodes où j'avais faim que j'ai envoyé des lettres à des clubs étrangers pour être accepté comme joueur professionnel.

C'est dans les périodes où j'avais faim que j'ai fini d'écrire mon premier livre.

C'est dans les périodes où j'avais faim que j'avais osé écrire à des maisons d'édition pour soumettre mon livre.

C'est dans les périodes où j'avais faim que j'ai effectué certains des plus grands bonds dans ma vie.

Alors, oui, la faim peut être profitable à une personne. Il ne faut donc pas détester les périodes de famine. Mais, comme toute situation de la vie, il faut trouver le moyen de les rendre profitables. Il faut trouver le moyen d'en tirer le meilleur.

◆◆◆

Restons toutefois raisonnable et rappelons que dans des conditions normales, il est préférable de ne pas se priver de nourriture. Exception faite du jeûne volontaire. Ce dernier, à contrario, se révèle très bénéfique à l'organisme. Le jeûne, de manière indescriptible, aide à mieux gérer ses émotions, permet d'avoir le sang-froid et facilite l'accès à une grande lucidité. Ses bienfaits sont si nombreux qu'on ne saurait les dénombrer. J'ai par exemple remarqué que je suis beaucoup plus efficace au basket lorsque je suis en plein jeûne que pendant des jours ordinaires. Si vous devez donc vous priver de nourriture, jeûnez tout simplement. Jeûnez d'ailleurs régulièrement pour découvrir autrement votre corps et votre esprit. Jeûnez pour accéder à une nouvelle dimension de votre personne physique et de votre personne spirituelle. Parmi les possibles bienfaits de la faim, il y a la compassion et l'empathie qu'elle peut développer chez une personne. Savoir ce que la faim peut causer comme mal vous permet de mieux compatir face à la souffrance d'une personne qui se trouve dans la misère. D'ailleurs, c'est là l'un des objectifs du jeûne islamique. Vous apprenez à mieux ressentir la souffrance des personnes qui n'ont pas rien ou pas grand-chose à manger d'autant que vous êtes passé par là. Par conséquent, vous êtes plus enclin à faire preuve de générosité.

Pour finir, je dirai :

NE NÉGLIGEZ PAS VOTRE ALIMENTATION, MANGEZ DE MANIÈRE EQUILIBRÉE, ET NOURRISSEZ AUTANT QUE VOUS POUVEZ D'AUTRES PERSONNES. VOUS N'EN TIREREZ QUE DES BIENFAITS.

LA DISCIPLINE

La discipline se présente comme un principe fondamental de la vie sans lequel aucune forme de réussite durable n'est possible. Elle consiste en des actions mais aussi en des privations bien déterminées qui vous permettent d'atteindre un ou plusieurs objectifs fixés. Toutes les grandes âmes que l'humanité a connues ont fait preuve d'une grande rigueur et d'une grande discipline pour arriver à leurs fins. Qu'il s'agisse de Napoléon, de Bouddha, de Gandhi, de Jésus ou de Mohammed.

La discipline est essentielle pour construire une personnalité digne du nom. Si vous voulez du respect, vous devez être discipliné. Et lorsqu'on parle de discipline, elle englobe tous les aspects de notre vie. Alors, bien sûr, il faut savoir se détendre régulièrement. Mais même dans le divertissement et la distraction, il peut être intéressant d'être discipliné. Après l'avoir expérimentée dans plusieurs aspects de ma vie, je me suis rendu à l'évidence que la discipline donne plus de sens à notre vie et nous donne une certaine fierté. C'est dommage que beaucoup d'entre nous, jeunes, pensions que le plaisir se trouve uniquement dans les agissements « je m'enfoutistes ». Mais le réel plaisir réside dans le fait de pouvoir s'observer à chaque fois pour se dire qu'on est fier de soi. Car les actions « je m'enfoutistes » procurent du plaisir sur le moment, mais laissent parfois d'amères regrets à la longue.

À l'ère actuelle où les vidéos de motivation font légion sur les réseaux sociaux, le concept de la discipline est de plus en plus mentionné par les orateurs. Et tous les grands orateurs, qu'il s'agisse de Les Brown, Jim Rohn, Tony Robbins et autres, mettent un accent sur la discipline. En Afrique, les sages ne cessent de nous répéter ce concept encore et encore. Car, s'il est vrai qu'aujourd'hui, la chose semble être un peu nouvelle, il faut préciser que pour les anciens, c'était une évidence. Il n'y avait même nul besoin de conseiller une personne là-dessus. Hélas, aujourd'hui, le monde a changé. Certes, on note une grande évolution technologique culturelle. Toutefois, les aliénations sont également nombreuses. Avec les réseaux sociaux, les jeunes semblent avoir perdu leurs repères. Les choses essentielles à leur réel épanouissement semblent être délaissées au profit de futilités qui n'ont pour côtés positifs que la satisfaction de l'égo et les plaisirs spontanés. C'est déplorable mais c'est une réalité. Alors, on ne saurait trop faire le rappel de l'importance de la discipline.

EN QUOI CONSISTE EXACTEMENT LA DISCIPLINE ?

La discipline fait appel à plusieurs notions dont essentiellement la rigueur et la persévérance. La rigueur va consister à nous mettre chaque fois en condition pour faire ce qu'il y à faire au moment où on doit le faire. Mais elle va aussi consister à ne pas faire ce qui ne doit pas être fait à un moment donné. En d'autres termes, il va falloir se priver de certaines choses parce que sur le moment, ou à long terme, celles-ci ne sont pas profitables pour nous. Alors, il faut noter qu'en toute chose, il y a du bon et il y a du mauvais. Il s'agira donc d'évaluer constamment le poids des deux pour s'en sortir. Du moins, selon non objectifs.

Si votre dessein est de juste vivre votre vie et de profiter de chaque moment sans vous soucier du lendemain, alors je peux dire que vous n'avez pas besoin de discipline dans votre vie. Cela suppose évidemment que vous ne comptez pas réaliser quoi que ce soit dans votre vie. Vous n'avez l'ambition de rien accomplir de plus ou moins grandiose. C'est bien sûr votre choix. Mais à quoi sert une telle vie ? D'autant plus qu'au final, ce sont de regrets qui risquent de vous consumer. Cependant, si vous désirez arriver à une quelconque fin significative dans votre vie, il faudra retrousser les manches et prendre le taureau par les cornes comme cela se dit. Alors, ce n'est pas quelque chose de facile que de se discipliner. Et ce n'est pas une fin à laquelle on arrive assez facilement. Dans le cheminement, vous connaîtrez forcément des chutes. Il faudra essayer, tomber, se relever et essayer encore et encore. Et c'est là qu'intervient un des piliers de la discipline : LA PERSEVERANCE. Toute forme d'accomplissement grandiose impose la persévérance. Faires preuve de discipline implique deux types de décisions :

1- ***La décision de faire des actions***
2- ***La décision de vous priver de faire certaines choses***

En d'autres termes, il faudra prendre la résolution de commencer par faire des choses qui sont plus ou moins difficiles à faire, mais dont la réalisation peut vous mener à la réussite ou l'épanouissement. Aussi, il faudra commencer par vous priver de certaines habitudes qui, clairement, nuisent à votre bien-être, ou ne cadrent pas avec l'atteinte de vos objectifs. Pour ma part, c'est cette deuxième partie qui a été la plus difficile dans mon cheminement pour devenir une personne disciplinée. S'il faut agir, je suis prêt. L'action, j'aime. Mais c'est plus difficile pour moi de m'empêcher de faire certaines choses dans lesquelles je me suis habitué à trouver une forme de plaisir.

◆◆◆

En outre, lorsqu'on parle de discipline, cela couvre tous les aspects de notre vie. La vérité est que chaque discipline influencent les autres disciplines, aussi petites soient-elles. Dans mon cas, le simple fait de laver les assiettes dès que je finis de manger m'a aidé par exemple à me discipliner sur d'autres plans. De manière inverse, la négligence d'une discipline, aussi petite soit-elle, impacte directement votre assiduité par rapport à d'autres disciplines. Bien sûr, ce n'est pas quelque chose à laquelle on parvient du jour au lendemain. Mais la clé est de commencer à s'approprier les habitudes les plus simples d'abord. La plus petite discipline influence votre état d'esprit et commence graduellement par vous métamorphoser. Lorsque vous commencez par vous discipliner sur les petites choses, il devient progressivement plus facile de vous discipliner sur les grandes choses. Mais avant de parvenir à toute forme de discipline, il faudra ajuster votre état d'esprit sur la croyance selon laquelle votre vie dépend entièrement de vous. Et il vous revient la possibilité d'y donner l'orientation que vous désirez selon vos choix. La discipline est donc un choix. Une fois que vous développez cet état d'esprit, il devient plus facile de vous discipliner.

L'application de la discipline doit se faire sur la pensée, sur l'humeur, sur l'alimentation, sur la gestion de l'argent, sur la manière de parler, sur la démarche, sur notre comportement envers les autres, sur nos horaires de sommeil, sur la planification de notre journée, etc. Vous l'aurez compris ! La discipline s'applique sur tout. La forme de discipline que vous choisissez d'appliquer à chaque aspect de votre vie dépend de l'orientation que vous désirez donner à cette dernière. Bien sûr, des ajustements seront faits en cours de chemin. Parce que parfois, on se rend compte que les choix que l'on a fait ne sont pas les meilleurs ou deviennent obsolètes par rapport à notre direction.

DISCIPLINER LES ÉMOTIONS

J'aimerais par ailleurs attirer l'attention sur un aspect fondamental de notre vie : les émotions. Les émotions font partie des choses les plus importantes que l'on doit apprendre à discipliner s'il désire avoir une vie épanouie. Même avec une situation financière et générale morose, il est possible d'être épanouie si on sait se discipliner sur le plan des émotions. Lorsque j'ai commencé par discipliner mes émotions, ma vie a littéralement pris une nouvelle forme. Cette leçon, je l'ai apprise de Napoléon Hill, à travers les lignes de son livre intitulé « THINK AND GROW RICH ».

C'est épatant de voir comment les émotions qui nous animent peuvent directement influer sur nos circonstances, sur ce qui nous arrive, sur les événements extérieurs. C'est l'un des éléments qui permettent de comprendre l'existence d'une force indescriptible qui relie tous les éléments existants dans l'univers. Napoléon Hill l'appelle « The Infinite Intelligence ». Pour certaines croyances, il s'agit du souffle qui réunit tous les êtres à Dieu. D'autres encore croient que c'est le fil conducteur qui met en relation chaque élément qui existe. Ce qui est sûr, c'est que cette force existe. Et c'est d'ailleurs pour cela que je crois en la loi d'attraction.

Les émotions doivent donc être disciplinées de sorte à nous être bénéfiques. Il s'agira alors de faire en sorte d'être animé par les meilleures émotions. Les mauvaises émotions, il faut essayer de s'en débarrasser continuellement. Les meilleures émotions sont entre autres l'amour, la joie, le courage. Les mauvaises émotions sont la haine, la jalousie, la colère, l'angoisse, le stress, la dépression, la peur, etc. Elles n'attirent pas le bien et nous sont généralement nuisibles. Aussi, par la loi de Murphy, elles attirent des événements négatifs et peuvent nous entraîner dans des cercles vicieux jusqu'à ce qu'on décide de s'en extirper.

Une des armes pour ne pas se laisser consumer par ces mauvaises émotions est le DETACHEMENT. Il faut comprendre que rien dans cette vie n'est grave et ne vaut la peine de souffrir pour. Il faut donc entrer dans un état où on prend les choses telles qu'elles viennent sans se laisser atteindre négativement. Il va falloir parfois développer une sorte de carapace qui fait que vous devenez plus ou moins invulnérable. Sans vouloir me présenter en adepte de la positivité constante, je soutiens qu'il faut essayer de rester souvent dans un état d'esprit positif tout en étant sérieux.

DE LA GESTION FINANCIÈRE

La mauvaise gestion des finances est le problème auquel bon nombre de personnes font face aujourd'hui. Des croyances religieuses voudraient que ce soit dû au fait qu'il n'y a plus de bénédiction dans l'argent, à l'ère actuelle. Toujours est-il que chaque personne est responsable de sa vie. Quelles que soient les causes externes, une prise en charge de sa vie peut résulter en de nettes améliorations de la situation vitale. Ceci, parce que ce qui nous arrive est généralement causé par nous-même. Certes, les événements extérieurs ne sont pas sous notre emprise. Mais nous décidons de la manière de les considérer et des actions que nous faisons après que les événements se soient produits. En d'autres termes, lorsque nous nous retrouvons régulièrement fauchés alors que nous gagnons régulièrement de l'argent, c'est pleinement de notre faute.

Ce que j'ai appris dans ma vie, c'est que l'argent a un esprit. Et il faut savoir comment le manager pour qu'il ne nous échappe pas continuellement. L'argent se respecte. L'argent suit ceux qui savent le valoriser. Et le moins qu'on puisse dire est que l'argent aime CEUX QUI ESSAIENT DE S'ORGANISER. Mais on pourrait se demander pourquoi la bonne gestion financière est essentielle pour parvenir à un réel épanouissement. Aujourd'hui, c'est la clé qui ouvre la porte de la majorité des possibilités. Il n'y a pas pire sentiment, à mon avis, que le fait d'être en totale incapacité quand le besoin se présente. Je me souviens de ces fois où j'ai été incapable d'acheter de simples médicaments à mes frères lorsqu'ils étaient malades. Je me suis senti complètement dévasté. J'ai alors compris la nécessité, non seulement de se faire de l'argent, mais aussi de savoir le conserver à travers une gestion efficiente.

◆◆◆

La bonne gestion financière va de pair avec la liberté. Ce n'est pas sans raison qu'il est dit que l'argent donne la liberté. Il vous donne la liberté de vous procurer les produits de première nécessité, la liberté d'aider les autres, la liberté de voyager, etc. Lorsqu'on est dans une situation misérable voire miséreuse, on est généralement dépendant des autres. On attend la bonne volonté des autres pour pouvoir satisfaire ses propres besoins. Toutefois, le revers de la médaille est qu'un manque de respect s'installe. Et je considère qu'il n'y a rien de plus important dans la vie que le respect, que l'honneur. Ne dit-on pas que la main qui donne est toujours plus haute qua la main qui reçoit ?

Solliciter de l'aide par moment, lorsque c'est nécessaire, ce n'est pas encore grave. Toutefois, si vous devez solliciter de l'aide assez régulièrement, vous acquérez une mauvaise réputation et votre valeur va au rabais. C'est particulièrement quelque chose que j'ai connu dans ma vie. La mauvaise gestion financière est un problème que j'ai longtemps traîné. Dans mon cas, j'ai toujours reconnu en ma personne la capacité de gagner de l'argent. De ce fait, j'avais développé une trop grande confiance qui me poussait à dépenser de l'argent sans grand contrôle. Je profite pour notifier que c'est d'ailleurs l'une des raisons qui conduisent beaucoup de personnes à ne pas gérer efficacement leurs finances : la confiance absolue en le fait qu'on va encore gagner de l'argent. Malheureusement, entre la période où certains sous finissent et la période où vous en gagnez d'autres, vous contractez des dettes. Contracter des dettes signifie que vous devez demander assistance auprès d'une autre personne ; toute chose qui n'est pas vraiment honorable. Le pire, c'est qu'un cercle vicieux s'installe. Dès que vous gagnez de l'argent, vous êtes obligé de rembourser les dettes puis d'en contracter d'autres. Et ça continue ainsi. Et une seule cause est à l'origine de tout ceci : la mauvaise gestion financière.

Une gestion efficace vous aidera non seulement à stabiliser votre vie, à accomplir des projets, à aider des proches, à vous acheter des choses qui vous plaisent, à faire plaisir à ceux que vous aimez, et surtout, à vous sentir bien dans votre peau. Je me souviens de la première fois où j'ai essayé de suivre un plan de dépenses pour gérer correctement mes sous. J'avais l'impression immédiate d'être devenu une toute autre personne. Je me sentais si bien dans ma peau que je ne voulais plus que ce sentiment me quitte jamais. J'avais une telle confiance en moi, malgré que je n'eusse pas grand-chose comme économie. J'étais néanmoins sûr que si un besoin se faisait ressentir, je pouvais gérer. Ce simple fait de savoir que je suis CAPABLE me procurait une grande assurance, et par ricochet, un bien-être profond.

◆◆◆

Il faut toutefois noter que ce n'est pas toujours évident de pouvoir gérer ses finances comme cela se doit. Les imprévus peuvent survenir à n'importe quel moment. Et il n'est pas rare qu'on se laisse aller au plaisir du moment. La grande question est alors de savoir comment gérer efficacement ses sous. La réponse réside dans le bonne ORGANISATION. Et ceci rejoins une fois encore le sujet de la discipline. Il faut pouvoir se discipliner sur le plan financier. Il faut pouvoir planifier, prévoir, se priver et épargner. Mais avant tout, il s'impose de pouvoir reconnaître que l'on a un sérieux problème avec l'argent et que la solution réside dans nos mains.

Pour ma part, j'ai longtemps jeté l'opprobre sur la vie en me disant que c'est la nature qui m'avait créé ainsi. Il est vrai que pour certains, c'est un acquis. Ils savent naturellement bien gérer leurs finances. Mais pour d'autres, c'est quelque chose qu'il faut apprendre. Même si éventuellement des causes spirituelles sont en jeu, il n'en demeure pas moins qu'une réelle décision de notre part peut complètement changer la tendance des choses. Il s'agira donc, en premier lieu, de reconnaître qu'on souffre d'un mal à savoir l'ignorance des bonnes manières à adopter à l'endroit de l'argent. En second lieu, vous devez être convaincu que vous êtes le problème et la solution. Les choses ne peuvent changer que si vous les prenez en main. Ensuite, il faudra se former, d'une manière ou d'une autre, à gérer efficacement les finances.

Pour cela, il faut apprendre les bonnes astuces. N'hésitez pas à demander conseil aux personnes ressources. Tournez-vous également vers l'internet. Vous trouverez une panoplie de vidéos sur Youtube, et de tutoriels qui vous donnent des leçons de gestion financière. C'est ce que j'ai fait. J'ai particulièrement suivi les directives fournies par un de mes mentors, Jim ROHN. Zack MWEKASSA et

Philippe SIMO ont également fait partie de ceux qui m'ont fourni des pistes d'orientation pour savoir bien gérer mes sous. En sus, j'ai suivi des vidéos diverses dans ce sens.

On ne saurait toutefois clore ce chapitre sans proposer quelques petites règles à suivre ou adapter à votre vie pour une meilleure gestion des finances.

REGLE N1 : Il faut toujours établir un plan de dépenses.

REGLE N2 : Il faut pouvoir noter chaque dépense qu'on fait, au moins, au début de la mise en application de votre plan de gestion financière. Une fois que vous vous êtes approprié les bonnes manières, vous pouvez arrêter de noter toutes les dépenses que vous faites.

REGLE N3 : Il faut toujours épargner une partie de vos gains. Les situations malencontreuses ne préviennent point avant de se produire.

REGLE N4 : Dans votre plan de dépenses, prévoyez toujours une partie pour les dons. Il n'y a rien de mieux que la générosité pour parvenir à l'abondance. Cela vous permet également de ne pas être surpris par les dépenses qui vont à l'endroit de ceux qui vous demandent de l'aide.

REGLE N5 : Il ne faut toucher à l'épargne qu'en cas de nécessité.

Définir un plan de dépenses implique un sectionnement en pourcentages de votre avoir. Dans ce plan de dépenses, il faut inscrire :

- Les dépenses pour la nourriture
- Les dépenses pour le loyer (si vous êtes en location)
- Les dépenses liées aux factures
- Les dépenses liées à votre propre plaisir (Ah oui il faut se faire plaisir)
- Les dépenses liées aux dons que vous devez faire
- L'épargne

À vous de déterminer quelle fraction chacune de ces dépenses doit occuper. Mais le simple fait d'établir un plan de gestion vous aide à avoir une idée claire sur votre argent. Et, selon mon expérience, cela aide beaucoup à se prémunir contre les dépenses imprévues d'autant que vous avez déjà prévu une part pour chaque chose. En mettant en application ce plan, vous allez remarquer qu'un net changement se produit dans votre vie. Même quand vous ne respectez pas le plan, vous obtenez une certaine satisfaction puisque vous savez en général où vous sous sont allés. Puisqu'il faut le noter, la phrase favorite de ceux qui gèrent mal leur argent est : «JE NE SAIS PAS Où MES SOUS SONT ALLÉS ». J'ai moi-même dit cette phrase des centaines de fois jusqu'à ce que je prenne le taureau par les cornes. Même si vous avez du mal à appliquer le reste des règles, efforcez-vous à suivre la règle N1. Établissez toujours un plan de dépenses et faites des ajustements après.

◆◆◆

Je pense qu'il serait aussi intéressant de donner l'exemple de la planification que propose Jim ROHN. Selon lui, il faut suivre le plan 70 / 10 / 10 / 10. Il préconise que l'on ne devrait jamais dépenser plus de 70 % de son acquis financier. Plus précisément, il donne l'exemple d'un enfant qui a gagné 1 dollar. Comment doit-il l'utiliser ? Oui, un enfant, parce que la gestion financière est une qualité que l'on devrait commencer à développer dès le jeune âge. Pour 1 dollar gagné, il ne faut pas dépenser plus de 70 centimes. 10 centimes doivent aller à la charité. Comme je l'avais déjà mentionné, il n'y a rien de mieux que la générosité pour créer de l'abondance dans la vie d'une personne. 10 autres centimes doivent faire office de capital pour un investissement actif. Les 10 derniers centimes serviront pour un investissement passif. Dans le cas où vous gagnez de gros montants, un investissement passif peut par exemple être lié à l'immobilier.

En outre, Jim ROHN précise que lorsque vous êtes déjà grand et êtes trempé dans les charges et les difficultés, il peut être difficile d'appliquer cette précédente règle. Il recommande alors à la place la règle des 97 : 1 : 1 : 1. Les dépenses que vous effectuez sur le montant acquis ne devraient pas excéder 97 % de ce montant. 1 % doit ensuite aller à la charité. 1 % servira comme capital actif. 1 % sera passivement investi.

En appliquant la règle du 97 : 1 : 1 : 1, votre vie de métamorphose progressivement. Au fil du temps, vous parviendrez à appliquer la règle de 70 : 10 : 10 : 10. Comme Jim ROHN aime souvent le dire : « WHEN YOU CHANGE, YOUR LIFE CHANGES ». (Il affirme que ces propos viennent de son mentor à lui, Earl Shoaff). En français, cela signifie « Lorsque vous changez, votre vie change ». En clair, une fois que vous vous disciplinez, que vous adoptez de nouvelles habitudes quotidiennes, que vous vous accommodez les bonnes manières, la réalité de votre vie change automatiquement. Et cela, je l'ai remarqué dans ma propre vie. Il n'y a rien de plus satisfaisant que le fait de prendre sa vie en main, et de décider de prendre les bonnes décisions. Il n'y a rien de plus gratifiant que de prendre la résolution d'agir plutôt que de subir. Et c'est d'ailleurs pourquoi il faut se fixer de hauts objectifs dans la vie. En réalité, la réalisation de ces objectifs n'est pas la chose la plus importante. Ce qui compte le plus, c'est la personne que vous devenez dans l'effort d'accomplir ces objectifs. Cela va forcément impliquer des sacrifices, des ajustements, des privations, de la discipline, en somme, une nette amélioration de votre personne. Et c'est cela qui compte le plus. Comme le dit Jim ROHN (de la part de son mentor à lui), une fois que vous avez ce qu'il faut pour accumuler 1 000 000 de dollars, alors vous pouvez facilement gagner un autre million, 10 millions, et plus. Car, pour acquérir ce million, vous avez dû devenir une autre personne et vous savez désormais ce qu'il faut faire pour parvenir à ce résultat.

LA PATIENCE : la plus précieuse des vertus

La patience est le principe fondamental qui doit régir la vie de tout humain désireux de s'épanouir d'une manière ou d'une autre. Je me remémore des paroles de Jim Rohn, qui préconise qu'il faut utiliser le temps à son avantage en faisant preuve de patience. J'aime bien sa manière de concevoir le temps. Il le décrit comme une puissante force qui existe depuis toujours et contre laquelle aucun d'entre nous n'a de pouvoir. On ne peut lutter contre elle mais on peut l'employer à notre profit. J'aime aussi bien ses pensées faisant montre du fait que les jeunes sont les plus impatients parmi les êtres humains alors qu'ils ont pratiquement toute la vie devant eux. Au même moment, les personnes les plus âgées savent prendre leur temps et savent attendre, alors qu'ils sont supposés être ceux qui ont encore le moins de temps à passer sur terre. C'est fascinant de voir comment les jeunes veulent tout avoir sur le champ, ne savent pas apprécier la beauté de chaque instant, désirent devenir riches très vite, désirent avoir la célébrité dans un court délai, désirent conquérir les femmes sans attendre, etc.

◆◆◆

Avec l'avènement des gadgets électroniques, on est moins enclin à faire preuve de patience. Et ceci est effectif dans les moindres situations de la vie. On ne sait plus patienter dans une file d'attente. On ne sait plus patienter quelques semaines, quelques mois, quelques années pour voir s'accomplir nos desseins. On est souvent pressés. Et je ne saurais m'exclure du lot. Si je sais une chose sur moi, c'est que j'étais l'une des personnes les plus impatientes du monde. Quand je voulais quelque chose, je la voulais tout de suite. Patienter ? Non, ce n'était pas mon fort. Prendre le temps d'apprécier le processus ? Non, laisse tomber. Il est vrai que cette rage, cette volonté inouïe que j'avais en moi m'avais permis de réaliser beaucoup de choses, et d'acquérir également bon nombre de choses que je désirais. Il n'en demeure pas moins que quelque chose manquait souvent chaque fois que j'ai brûlé les étapes.

Le truc avec les raccourcis est que le résultat final n'a pas eu le temps de mûrir. Et très souvent, il n'est pas très appréciable. C'est un peu comme les mangues qui sont récoltées avant de jaunir, et qui sont artificiellement mûries par l'eau chaude ou autre méthode. Leur goût et même leur beauté n'a rien de similaire avec ceux des mangues qui ont jauni sur l'arbre. Étant autrefois un véritable impatient, j'ai eu l'expérience en la matière. J'en arrivais souvent à perdre ce que j'ai obtenu en brûlant les étapes. D'autres fois, je n'en jouissais pas vraiment. La vérité est que l'on n'est pas toujours préparé à ça. Et cette préparation, c'est le processus qui nous l'octroie. En vérité, la jouissance réside en réalité dans le processus. Ce que vous devenez en essayant d'obtenir une chose, en essayant de faire un accomplissement, c'est ça le plus important. Jim Rohn aime donner son propre exemple. Il rappelle souvent les phrases de son mentor à lui, Earl Shoaff. Selon ce dernier, il est intéressant de se faire un million de dollars, non pas pour le plaisir d'avoir un million de dollars, mais pour ce que vous devenez en essayant de vous faire un million de dollars. Une fois que vous avez pris le temps d'obtenir, comme il le faut, un million de dollars, il est aisé d'en acquérir 2, 5, 10 et plus. En réalité, vous êtes devenu une autre personne en essayant de réaliser votre objectif. Et c'est là la clé du succès : le caractère forgé. Mais ceci fait l'objet d'un autre chapitre.

◆◆◆

Pour devenir une autre personne, cela demande une haute dose de patience. Pour accomplir quoi que ce soit de solide, il est indispensable de patienter, de prendre du temps. J'aime bien cette citation qui dit : « Laisser le temps au temps !» Quoi de plus beau ? Le plus étonnant est que je ne remarque la beauté de cette phrase que maintenant, alors que je l'entendais depuis mon enfance. Mon père me le répétait souvent, notamment en ce qui concerne les femmes. Toute réalisation requiert de la patience. La patience doit régir la vie de tout être humain. Et, en réalité, la patience est le secret du bonheur. Avec le temps, je comprends mieux le fait que l'Islam définit la patience comme le fondement de la religion, le fondement de la foi.

Il faut de la patience pour vivre avec les humains,

Il faut de la patience pour supporter le mal des autres,

Il faut de la patienter pour se marier,

Il faut de la patienter pour bâtir un foyer,

Il faut de la patiente pour élever des enfants,

Il faut de la patience pour donner sans rien attendre en retour sur le champ,

Il faut de la patience pour avoir la foi, il faut de la patience pour obtenir son diplôme,

Il faut de la patience pour obtenir le job de son rêve,

Il faut de la patience pour devenir un athlète de haut niveau,

Il faut de la patience pour écrire un livre,

Il faut de la patience pour en achever plusieurs,

Il faut de la patience pour se taire quand il le faut,

Il faut de la patience pour pardonner,

Il faut de la patience pour aimer,

Il faut de la patience dans tout, et vraiment tout !

◆◆◆

J'aime croire que la première qualité d'une personne de sagesse est la patience. Lorsqu'on sait que la vie a sa propre manière de rétribuer chaque acte, on comprend l'importance de patienter. Mais encore, faut-il savoir comment patienter. « La meilleure patience est celle qui est soutenue par l'action. » Agir en attendant que l'objectif soit atteint est le meilleur moyen d'arriver à son but. Un maximum d'actions bien orientées permet de rendre la patience fructueuse. Et c'est sur ce point que beaucoup de personnes se fourvoient, selon moi. En particulier, plusieurs Africains ont tendance à patienter en remettant tout dans les mains de Dieu, sans toutefois, mener des actions pouvant conduire à la concrétisation de leurs rêves. En d'autres termes, ils désirent par exemple devenir riches, se lèvent chaque matin et prient plus qu'un homme religieux, mais passent la majeure partie de leur journée à ne rien faire d'intéressant. Ils occupent leurs journées à faire des commérages, à regarder la télé, à dormir ou à s'adonner à des activités futiles, en se disant qu'ils patientent, en attendant la fameuse « heure de Dieu », une heure qui ne viendra jamais.

Dieu a conçu l'univers et a établi des règles précises pour la régir. Qui suit ces règles arrive à bon port. Qui va à l'encontre de ces règles en prend le fouet. Un des pires scénarios est de quitter ce monde après avoir vécu une vie médiocre. Patienter en se corrigeant permanemment, en apprenant continuellement, en travaillant chaque jour dans la direction de ses objectifs, en tombant et en se relevant indéfiniment ; c'est cela la clé de la réussite.

◆◆◆

La patience est si merveilleuse. Plus je prends de l'âge, plus je m'en rends compte. C'est fascinant de voir comment le temps remet chaque chose à sa place, rétribue chacun selon son mérite. Le temps donne toujours raison à celui qui est bon. Lorsque vous essayez d'être une bonne personne, une des pires choses qui peut vous arriver est que votre réputation soit salie. Et quand cela arrive, ceux qui attendaient votre faille ne manquent pas de se faire plaisir. Chaque homme est faillible. Et les plus grands commettent souvent les erreurs les plus grosses. Lorsque vous tombez, ceux qui ne vous aimaient pas réellement feront tout pour trainer encore plus votre réputation dans la boue. Vécu ! Il faut de la patience pour passer cette étape, se corriger, et laisser le temps rétablir la vérité. Il faut parfois des années ! Lorsqu'on parle d'années, on a tendance à imaginer ça très loin. Pourtant, nous passons si vite à travers le temps. Une année, c'est très vite terminé ! Il suffit de se rappeler qu'il a fallu en moyenne 14 années pour avoir le baccalauréat par exemple. Lorsqu'on se met en perspective sur des années, les choses deviennent complètement différentes. Et on développe la vertu de la patience.

SAVOIR PATIENTER AVEC SA PROPRE PERSONNE

La patience est de différents types. J'aime bien insister sur la patience envers soi-même. C'est particulièrement quelque chose qui manque souvent aux gens bons. Ils aiment trop se blâmer. Ne vous méprenez pas, vous n'êtes qu'un humain, et par définition, un être faillible. Il faut donc apprendre à patienter avec votre être. Patienter avec vous-même implique le fait de vous pardonner pour les erreurs que vous commettez. C'est quelque chose que j'ai dû apprendre à faire. Parce que pour une personne bien intentionnée, le pire, quand il commet des fautes qui blessent les autres, c'est le blâme qu'il s'afflige à lui-même. Une personne mauvaise de nature ne sait pas se blâmer. Mais une bonne personne se remet en question et a des remords chaque fois qu'il a touché négativement une autre personne. Lorsque la faute est grave, on a tendance à trop se blâmer. Il est essentiel de se faire des reproches pour pouvoir se corriger.

Mais il est complètement inutile de se laisser ronger par le remord. J'ai dû apprendre cela après avoir commis des erreurs que j'ai jugées criminelles. Je me suis laissé ronger par le regret pendant des mois jusqu'à ce que je comprenne que cet état n'était profitable ni à moi ni aux autres. Après avoir reconnu son tort, il faut ensuite patienter avoir soi-même et se pardonner à soi-même. Par la suite, il faut prendre des mesures pour ne pas commettre à nouveau les mêmes erreurs. Un autre aspect de la patience avec soi-même a trait avec le fait de se forger un caractère exceptionnel. Pour devenir une personne disciplinée par exemple, il faut beaucoup de patience. Il est vrai que pour certains hommes, la discipline est quelque chose d'inné. Mais pour la majorité comme moi, la discipline doit s'apprendre. Notons en outre que sur certains points, on arrive à se discipliner facilement. Mais sur d'autres points, cela peut être vraiment ardu comme tâche.

Personnellement, la discipline la plus difficile pour moi a été la discipline financière. Apprendre à organiser mes finances a nécessité beaucoup de patience. J'ai failli pendant des années. J'ai toujours su ce qu'il y a à faire. Mais une chose est d'établir un plan et une autre est de le respecter. Il y a certaines qualités qui requièrent beaucoup de patience pour acquérir. En réalité, vous n'y arriverez presque jamais au premier essai. Il faut de la patience pour recommencer encore et encore après avoir échoué. Et le plus intéressant, c'est le fait d'essayer indéfiniment. N'arrêtez jamais d'essayer. Devenir un homme ou une femme d'exception requiert beaucoup de patience et d'abnégation envers votre propre personne.

LA PATIENCE POUR CONTRER SES PROPRES DÉMONS INTÉRIEURS

La patience est essentielle pour arriver à se dompter soi-même. Et quand vous arrivez à vous dompter, peu de choses peuvent vous submerger. LOUIS XIV ne disait-il pas : « À qui peut se vaincre soi-même, il est peu de chose qui puisse résister. » ? En vérité, nous sommes tout le temps poursuivi par nos propres démons, ces forces, ces énergies qui nous suggèrent constamment des choses pas si bonnes ! Pour vaincre ces forces, il vous faut beaucoup de patiente. Les suggestions qui nous sont soufflées plaisent à l'âme et peuvent lui procurer du plaisir temporaire, éphémère. Mais ces mauvaises suggestions sont forcément nuisibles à la longue. Dans son livre Plus malin que le diable, Napoléon Hill rapporte les affirmations du diable qui se présente comme une forme d'énergie essayant de prendre possession des gens en leur suggérant des actes et des émotions qui les conduisent à la dérive. Pour arriver à garder la tête sur les épaules et ne pas « dériver », il faut de la patience. Il faut de la patience pour résister fermement. Il est clair que vous tomberez par moment, mais le secret réside dans la résilience. Il faut toujours se relever et persister. Savoir se contrôler sexuellement exige de la patience. Pouvoir se contenir quand on a envie d'insulter requiert de la patience, ... Et pour avoir de la patience, il faut simplement l'avoir. Il faut procéder par l'autosuggestion. Il faut pouvoir se la dicter à tout moment, décider d'en faire votre principe de vie, et vous en rappeler chaque fois. La patience et encore la patience.

DES PREUVES SOCIALES

D'aucuns prétendent que les preuves sociales n'ont commencé à avoir de l'importance que dans notre société actuelle. Mais je pense que les preuves sociales ont toujours été un critère important que les hommes utilisent pour juger les autres.

Qu'entend-on par preuves sociales ? Les preuves sociales regroupent l'ensemble des accomplissements matériels et honorifiques d'une personne. On inclura donc dans les preuves sociales les biens matériels tels que les voitures, les maisons, la gamme des vêtements et des accessoires, les diplômes et tout ce qui peut être apparent. Une montre Rolex d'origine, un sac Louis Vuitton authentique, une Range Rover de dernière génération, une très belle maison ou un titre de Docteur sont autant de preuves sociales permettant d'accorder une haute distinction à des personnes.

Dans notre ère actuelle, les preuves sociales sont devenues le facteur le plus déterminant sur la base de laquelle on juge tout le monde. En d'autres termes, c'est votre apparence qui définit la manière dont on vous considère. Et c'est dommage, même si on n'y peut rien. La valeur humaine pure n'a désormais plus de grande importance dans notre manière de juger les autres. Les preuves sociales sont devenues si importantes que les frustrations ne cessent d'augmenter dans la société. Et une fois encore, les réseaux sociaux empirent la situation. Beaucoup étalent un mode de vie qui suscite de la jalousie et de l'envie dans le cœur des autres. Pourtant, ce qu'ils mettent en avant ne reflète pas forcément leur réalité. Aujourd'hui, à force de s'exhiber de toutes les manières sur la toile, tout le monde désire avoir une vie de star, une vie de privilégié. Toute chose qui est normale. Désormais, une personne qui ne possède pas suffisamment de preuves sociales peut être méprisée voire mise à l'écart de la société. Et, de façon générale, ce sont les pauvres qui rentrent dans cette case. Cela me rappelle la phrase : « le pauvre a tort ». Pourtant, ce ne devrait pas être le cas. Il n'en demeure pas moins que c'est la réalité de chose.

◆◆◆

Mais s'il est vrai que ce phénomène est plus ou moins à blâmer, il faut aussi affirmer que c'est ce qui favorise quelque part l'évolution humaine. Cette volonté que beaucoup de personnes ont de devenirs importants, est ce qui les motive à se battre pour arriver à leur objectif. C'est à cause de la frustration infligée que beaucoup ont décidé de prendre les rênes de leur vie pour s'accorder une place à la table des grands. En clair, s'il n'y avait pas ce mépris à l'endroit des moins favorisés, beaucoup se contenteraient de leur situation miséreuse. Les preuves sociales doivent donc avoir de la valeur. Leur considération est indispensable pour l'évolution de l'humanité. Il est par conséquent important à toute personne, notamment jeune, de faire de son mieux pour accumuler autant de preuves sociales que possible, non pas pour mépriser les moins avantagés, mais pour se mettre à l'abri du mépris, et pour avoir une certaine forme de liberté. Les deux catégories les plus importantes de preuves sociales, à mon avis, sont l'argent et le savoir. Le dernier est beaucoup plus bénéfique lorsqu'il est associé à de la sagesse. Avec le savoir, on apporte un plus à l'humanité. Avec le savoir et l'argent, vous vous accordez une chaire dans les plus hautes sphères.

LE SAVOIR

Aujourd'hui, le savoir est la chose la plus facile à acquérir. Pourtant, nousnous y intéressons de moins en moins. Avec l'internet, la connaissance est plus accessible que jamais elle ne l'avait été auparavant. Pourtant, nous gaspillons notre temps dans des choses futiles. Le savoir vous accorde la force mentale, de l'esprit. Et cette force est la plus importante, car elle permet de briser toutes les barrières lorsqu'elle est employée à bon escient. Les jeunes doivent réapprendre à lire, à se cultiver, à apprendre. Et même pour accumuler de la fortune, il faut lire, il faut beaucoup lire. On sait par exemple que Bill Gates, Elon Musk, Jeff Bezos et la plupart des personnes fortunées sont de grands lecteurs. Ils lisent beaucoup, et c'est ce qui favorise leur succès. La vérité est que la connaissance vous fait avoir des pas d'avance sur le reste du monde. Votre vision est plus élargie que celle de la moyenne. Et votre vue panoramique des possibilités est donc plus étendue. Cependant, le savoir tout simplement ne constitue pas une preuve sociale en tant que tel. Il peut par contre permettre d'accumuler des preuves sociales. En clair, il faut pouvoir utiliser son savoir pour faire des accomplissements concrets, visibles. Lorsque votre savoir vous fait devenir par exemple un orateur reconnu, un conférencier de renom, un homme d'affaires à succès, une personne riche avec beaucoup de biens matériels, un haut diplômé, un ingénieur ingénieux, un fabricant exceptionnel, un médecin hors pair, un athlète ultra performant ou autre entité exceptionnelle, alors votre savoir a su se convertir en preuves sociales. Il ne serait pas faux de dire que le savoir est un pilier fondamental de toute forme de succès solide. Pour ceux qui désirent se faire une place dans de hautes instances scientifiques, il faut avoir des diplômes, il faut étudier.

L'ARGENT

En outre, les accomplissements effectués grâce à l'argent sont généralement les preuves sociales les plus considérées dans notre société. Il va de soi puisque ce sont les plus visibles. Beaucoup de diplômes, ce n'est pas forcément concret et visible sur vous. Mais une voiture de haute marque, c'est concret. Une chaussure haut de gamme, c'est concret. Un style frais, c'est concret et visible. Les preuves sociales telles que les constructions sont concrètes et permettent de s'accorder bien plus vite une grande place dans la société. Il faut donc chercher à devenir riche. Il n'est pas commode de développer un trop grand amour de l'argent certes, autrement on devient avide. Mais il convient de chercher à en avoir suffisamment pour que cela ne soit plus l'objet de vos préoccupations. Cependant, n'oubliez pas d'être heureux. À la fin, les preuves sociales ne vous accompagneront pas dans la tombe. Vous les abandonnerez toutes sur terre.

DU CARACTÈRE

Votre caractère détermine votre niveau d'élévation. C'est une chose de vouloir s'élever à un degré donné, mais c'en est une autre d'avoir la bonne attitude pour atteindre son objectif. Il n'y a rien de plus important que l'attitude ou le caractère dont une personne fait preuve dans chaque situation de la vie. Lorsque vous allez bien, lorsque tout va mal, quelle est votre attitude ? Quand vous êtes au travail, dans un environnement social, au bureau, dans la foule, ou seul, comment vous comportez-vous ? Adoptez-vous la bonne attitude pour vous sentir bien et permettre aux autres de bien se sentir également ?

Lorsqu'on parle de caractère, il faut savoir que tout commence dans votre cœur et dans votre tête. Ce que vous pensez de vous-même et ce que vous pensez des autres seront simplement reflétés dans votre caractère, dans votre attitude. En clair, l'adoption d'un bon caractère commence par la discipline de vos propres pensées. Si vous avez une moindre estime de votre personne, votre attitude le démontrera. Si vous n'aimez pas les gens en général, cela va se démontrer. Alors, il est clair que certaines personnes arrivent très bien à camoufler leurs réelles intentions et leur véritable nature. Notamment, cela rappelle l'attitude à avoir dans la cour royale. Les sujets, quels qu'ils soient, doivent savoir faire bonne figure car c'est une question de survie. Autrement, ils risquent d'être victimes des différentes manipulations qui y ont lieu. Il n'en demeure pas moins que derrière les faux sourires et les fausses mimes, la véritable nature de chacun finit toujours par se révéler.

◆◆◆

Pour avoir un bon caractère authentique, il faut donc pouvoir avoir la bonne mentalité et le bon cœur. Concrètement, je pense que le secret pour s'en sortir dans la société est d'avoir véritablement une réelle considération pour les personnes. Il ne s'agit pas simplement de faire semblant d'avoir du respect pour elles. Mais au fond de nous-même, il faut pouvoir se convaincre que chaque être humain, voire même chaque être tout simplement, possède quelque chose de valeureux. Si le Créateur de l'univers a voulu qu'un être existe, c'est que ce dernier possède une certaine valeur. Il faut donc pouvoir lui accorder la place qui lui convient. En voyant le côté « valeureux » de chaque individu, même celui auprès de qui on n'a rien à gagner, alors on est en mesure d'avoir la bonne attitude envers lui. Le risque avec cette manière de se comporter est cependant que vous risquez d'être naïf et de vous faire avoir par les personnes aux intentions malsaines.

Alors, au-delà de la bonne estime que vous avez des gens, il faudra apprendre à les « connaître ». Il faut pouvoir distinguer les personnes aux intentions mauvaises des personnes « bonnes ». Pour certains, c'est inné. Ils arrivent très vite à faire la part des choses. Mais d'autres ne cherchent que le bon chez les gens, et se font parfois avoir. Mais qui que l'on soit, on possède une intuition. L'intuition ne ment presque jamais. Certains l'appellent le sixième sens. D'aucuns le qualifient comme un pouvoir que l'Intelligence Infinie a placé en nous et qui permet normalement de ressentir les réalités non physiques. On a tous ressenti ce « quelque chose » d'agréable avec une personne. On a tous ressenti ce « quelque chose » de repoussant chez quelqu'un. Parfois, notre instinct nous amène à naturellement à nous éloigner d'une personne qu'on dit que l'on « ne sent pas ». À mon avis, il faut savoir écouter cette voix intérieure et adapter son comportement conséquemment. Il s'agira d'être vigilant quand l'instinct sent le danger. Mais quelle que soit la nature d'une personne, il faut pouvoir lui accorder du respect, tant il est un humain créé par Dieu. Après, il faut pouvoir s'adapter.

QUELLE EST L'IMPORTANCE DU CARACTÈRE ?

Avec un bon caractère, vous pouvez accéder à des niveaux très hauts, vous pouvez voir des portes inattendues s'ouvrir, vous pouvez parvenir à un réel épanouissement. Alors, le caractère se travaille. On ne naît pas forcément avec. C'est quelque chose qui se forge. Il faut pouvoir sculpter son caractère. Parfois, nous naissons avec des défauts comportementaux hérités de nos parents. D'autres fois, il s'agit simplement de mauvaises attitudes qui nous sont propres, ou que nous avons copiées de la société. Se démarquer sur le marché du travail et dans la vie en général, demande que l'on travaille son comportement. Votre caractère est ce qui vous fera gravir les échelons.

LES QUALITES QUI DETERMINENT UN BON CARACTÈRE

Le bon caractère fait appel à plusieurs qualités dont la première, à mon avis, est :

LA PATIENCE

Qui fait l'objet d'un développement complet dans un autre chapitre.

LA CORDIALITÉ

Une des qualités très importantes à avoir est la cordialité. La cordialité et la courtoisie font montre de notre considération envers les autres.

UN TEMPÉRAMNT MODÉRÉ

Une troisième qualité consiste à avoir un tempérament modéré. Ce qui ne signifie pas de manquer de spontanéité. Le tempérament modéré implique notamment une certaine maitrise de ses émotions. Lorsque vous êtes très heureux ou très énervé, comment réagissez-vous ? Votre tempérament doit vous permettre de garder un certain calme en toutes circonstances. Rire à gorge déployée n'est pas commode dans toutes les circonstances. Exprimer violemment sa colère n'est également pas quelque chose de décent.

LE SERVICE AUX AUTRES

Par ailleurs, le service aux autres est une qualité qui démontre d'une haute moralité. Votre caractère doit être empreint d'un certain altruisme. Si vous n'êtes pas prêt à vous sacrifier un tant soit peu pour votre entourage, alors votre caractère n'est pas encore très appréciable. Le plus intéressant avec le service aux autres est que c'est un acte égoïste en réalité. Lorsque vous rendez service, la vie vous le rend d'une manière ou d'une autre. C'est une loi de l'univers. Donc, au fond, rendre service aux autres, c'est se rendre service à soi-même.

L'ÉLÉGANCE

Parmi les qualités qui distinguent une personne au bon caractère, il y a à mon avis l'élégance. L'élégance ne signifie pas forcément qu'il faut avoir un beau corps et une apparence attirante. L'élégance se remarque notamment dans la manière dont vous exécutez chaque action ou geste ainsi que dans votre décence. Comment parlez-vous ? Comment mangez-vous ? Comment marchez-vous ? Quelle est votre façon de rire ? Quelle est votre façon de regarder et d'observer ? Comment traitez-vous les femmes si vous êtes un homme ? Chacun de vos faits et gestes doit être empreint d'élégance. Les personnes de foi chrétienne trouveront en la personne de Jésus (que la paix soit sur Lui) un modèle exemplaire. Quant aux musulmans, Jésus et Mohammed (que la paix soit sur Eux) constituent des noblesses du caractère à copier.

LA BONTÉ

Une qualité ultime que l'on se doit de travailler chaque jour pour avoir un bon caractère est la bonté. La bonté proviendra tout d'abord du cœur pour se manifester dans les actes. Il faut s'entraîner à tout simplement être bon. Et au fond de nous-mêmes, nous savons ce qui est bien et ce qui est mal. Parmi les traits de la bonté, il y a la générosité. Rien de mieux que de savoir donner pour se sentir bien et pour recevoir en retour. La bonté englobe des qualités telles que le service aux autres et la cordialité.

LA VERTU

Etre une personne vertueuse, je ne sais si l'on peut définir exactement ce que cela signifie. Mais je sais que la vertu implique l'adoption de comportements acceptables en société et le délaissement des attitudes moralement reprochables. Essayer de faire preuve de pudeur entre ainsi dans le cadre de la vertu. Choisir de mener une activité digne entre dans le cas de la vertu. Refuser de vendre de la drogue, éviter au maximum le mensonge, se retenir de voler, d'insulter, de provoquer d'une manière ou d'une autre les autres entrent dans le cadre de la vertu. La vertu implique beaucoup le contrôle de soi, la domination de ses envies parfois nuisibles.

LA PONCTUALITÉ

Un des traits qui caractérisent une personne de bon caractère est sa ponctualité. Etre à l'heure est une forme de respect qu'on témoigne aux autres. La ponctualité sera encore plus indispensable dans le cadre du travail. En affaires et sur le marché du travail, il faut pouvoir faire preuve de ponctualité.

C’est une qualité inestimable qui augmentera la considération que les autres ont de vous, mais avant tout, l’estime que vous avez de vous-même. La ponctualité est une forme de discipline que l’on s’impose à soi-même.

5 étapes pour avoir de L'INSPIRATION ET RESTER INSPIRÉ ?

Ce qui freine non pas une personne, non pas deux personnes, non pas dix personnes, mais la plupart des gens dans le processus de réalisation de leurs objectifs, c'est le supposé manque d'inspiration. Cette fameuse qui semble être la clé de voûte pour parvenir à un quelconque accomplissement. Mais qui a dit qu'il fallait se sentir inspiré pour entamer quelque projet ?

L'inspiration fait forcément appel à la motivation. Attendre d'être motivé avant d'agir est l'une des pires erreurs que l'on puisse commettre dans la vie. Non, ce dont vous avez besoin, c'est de la discipline. Combien de projets avons-nous manqué de réaliser par manque d'inspiration ? Combien de grands accomplissements dorment au placard juste à cause du manque d'inspiration et de motivation ? Combien de fois nous procrastinons, et finalement, n'arrivons pas à nos fins ? Combien difficile est-il d'achever des tâches de prime importance pour notre vie ? Tout simplement par manque d'inspiration ? Quel que soit le nombre, il est trop élevé. Et c'est pour cela que l'on doit trouver une issue.

Si vous vous demandez comment emprunter le chemin qui mène à l'accomplissement de tous vos projets, petits ou grands, voici 6 étapes simples pour avoir de l'inspiration. Mais gardez en tête avant tout que les circonstances de la vie ne seront presque jamais totalement favorables. Il va falloir forcer la nature à s'adapter à vos souhaits. Par conséquent, tout dépend de vous, tout part de vous. Et la première étape pour avoir de l'inspiration, c'est de prendre une décision.

I- <u>SE DÉCIDER</u>

Il y a quelque chose de magique dans le fait de prendre une décision. Dès que vous décidez d'accomplir une action, d'entamer un projet, de prendre une habitude ou au contraire de vous soustraire d'une mauvaise habitude, la nature a une manière de vous ouvrir la porte d'une nouvelle dimension de votre vie. Une réelle décision provient d'une volonté très profonde. Il faut vouloir éperdument quelque chose pour prendre une décision la concernant. La décision dont nous parlons ici ne signifie pas le fait de se dire qu'on va essayer pour voir. Vous devez désire de toute votre âme avant de prendre une décision. Ceci rentre dans le cadre du changement de vos paradigmes. Parce que chaque être humain vit dans une sorte de bulle qui englobe des habitudes, des manières de pensées, des routines et des dogmes qui sont soutenues par ce que Napoléon Hill nomme le rythme hypnotique. Cette sorte de bulle contient les paradigmes liés à cette personne. Il s'agit alors de créer un séisme dans l'univers de vos paradigmes. Il s'agira de changer vos paradigmes.

La prise de décision rentre dans ce cadre car elle impliquera forcément de la nouveauté dans votre vie, quelque chose à laquelle votre corps et votre esprit ne sont pas habitués. Une fois que vous DECIDEZ, votre univers personnel commence par envoyer un message à la nature. Cette dernière se met alors à mettre en œuvre les bonnes situations pour favoriser la concrétisation de ce dont vous avez pris la décision. C'est de cette manière que la prise de décision constitue une réelle source de motivation. Prenons l'exemple du jogging. Si vous décidez d'améliorer votre santé en commençant par courir régulièrement, le plus difficile sera de prendre la décision. Dès que vous vous décidez, quelque chose change immédiatement en vous. Et vous sentez cette bonne énergie se dégager de votre intérieur, c'est la motivation. La prise de décision est donc une véritable source d'inspiration Mais la décision seule ne mène à rien. Il faut la faire suivre des autres étapes.

II- PLANIFIER

Une chose est de prendre une décision et une autre est de s'y tenir. Et combien sommes-nous défaillants quant au fait de nous tenir à nos décisions. Personnellement, je sais que j'ai pris tant de fois des décisions qui n'ont pas connu de suites évidentes. Et beaucoup de personnes témoigneront de la même chose. L'ingrédient qui manquait pour garder l'inspiration, c'était un plan. Cette deuxième étape est très importante et pourtant si négligée. Tous les grands orateurs en matière de développement personnel en font mention. Le fait d'établir un plan permet de réellement donner vie à votre projet ou tout ce dont vous avez pris la décision. Vous pouvez établir un plan dans votre tête tout comme vous pouvez l'accoucher sur papier. La seconde option est la meilleure. Il s'opère une autre magie quand on écrit ce qu'on envisage faire. Il ne serait pas erroné de dire que c'est la première phase de réelle concrétisation de votre projet. Si la prise de décision envoie un message à l'univers, la planification écrite vient confirmer ce message. Votre esprit lui-même prend désormais la chose au sérieux et commence par imaginer des manières d'atteindre votre objectif. Il est toujours mieux de planifier correctement et en détail les différentes étapes que vous voulez suivre pour arriver à vos fins.

Bien sûr, il n'est pas évident que ce plan soit suivi à la lettre. Au fur et à mesure que vous avancerez, vous devrez effectuer des ajustements. Vous commettre des erreurs, apprendrez et prendrez des mesures en conséquence. Le plus intéressant avec la planification est qu'elle vous permet de voir clairement ce qui est faisable et ce qui ne l'est pas. Il est toujours très intéressant de casser le projet en de petites étapes simples successives. Cela facilite la tâche car le cerveau voit la chose désormais comme faisable. Lorsque nous considérons l'exemple de l'initiative de se mettre au jogging, vous pouvez par exemple vous décider, pour un début, de courir un jour sur deux, et ne courir que 5 minutes, dans la première semaine. Puis, vous augmentez lentement le rythme chaque semaine. Une fois que vous avez établi un plan clair et précis, vous êtes encore plus inspiré. Quelle est la suite donc ? Il faut passer à l'action.

III- COMMENCER - PASSER À L'ACTION

L'ultime étape pour se sentir inspiré au moins à 70 % est de passer à l'action, faire le premier pas. Comme sus mentionné, il faut pouvoir avancer étape par étape. Les petits pas font toute la différence. La question à se poser, c'est : « quelle est la plus petite action que je peux faire là tout de suite ? » Car un des plus grands freins à la réalisation des objectifs est le fait de les voir en TROP GRAND. Lorsque nous imaginons l'action en grand, le cerveau est effrayé et émet donc des signaux négatifs. Il se met en mode défensive. Mais lorsque nous procédons pas à pas, les petites actions s'enchaînent facilement. D'autant que chacune d'elles est vue par le cerveau comme une démarche aisée. Et c'est quelque chose qu'il est d'ailleurs recommandé de mettre en pratique dans presque tous les domaines de la vie : le fait de scinder les tâches en petites actions simples à accomplir.

C'est fascinant de voir comment on arrive à réaliser plusieurs choses avec une grande facilité lorsqu'on suit cette démarche. Je l'ai particulièrement remarqué dans l'exercice de mon activité de rédacteur. Chaque fois que j'imaginais la rédaction d'un article dans son ensemble, elle me paraissait comme une grande montagne à franchir. Mais il suffisait de me dire que je vais simplement écrire le titre, le sous-titre et/ou deux phrases pour que la flemme soit remplacée par de l'entrain. Et, sans m'en rendre compte, j'ai fini de rédiger un article. En revenant sur l'illustration du projet de jogging, vous devez pouvoir vous fixer une date précise. Et la meilleure date, c'est toujours le plus tôt. Pourquoi pas ce soir même ? Ou demain matin ? Fixez une date précise et commencez quoi qu'il se produise. Ce qui est intéressant avec le fait de commencer, c'est que vous pouvez désormais dire « je suis entrain... ». Et ça, c'est un signal que vous envoyez à votre cerveau qui sait désormais qu'un nouveau tournant est engagé dans votre vie. Tout votre organisme commence par s'adapter, votre aura également. Ceci constitue, de fait, une véritable source d'inspiration. Le simple fait de savoir que vous avez pu entamer vous inspire et vous motive encore plus. Mais ce n'est pas fini. Il faut entretenir cette source de motivation. En quoi faisant ? En continuant.

IV- PROGRESSER - FAIRE PREUVE D'ENGAGEMENT

Après avoir effectué le premier pas, le plus difficile est la persévérance. Lorsque vous avez commencé il faudra une volonté supplémentaire pour continuer, pour poursuivre. Combien de nous avons entamé des projets très intéressants qui n'ont jamais été terminés ? Combien de nous avons fait le premier pas, le second pas, puis rien ? Nous avons tous déjà expérimenté cela. Quelle que soit la chose que vous avez commencée, il faut pouvoir continuer sa réalisation tant que c'est possible. Et ce qui aide à facilement poursuivre quelque initiative, c'est le fait de la scinder en de petites étapes simples à accomplir. Nous allons toujours continuer avec l'exemple du jogging. Si vous voulez commencer et pouvoir continuer sur le long terme, vous devez effectuer une planification engageante et pas contraignante. Voilà pourquoi, pour un début, il faudra simplement courir peu, une distance que votre organisme est prêt à supporter. Pour la progression, vous augmentez successivement le rythme. Si, pour la première semaine, vous avez décidé de parcourir seulement 5 minutes, dans la semaine suivante, vous pouvez passer à 7 minutes. Et chaque semaine, vous augmentez de 2 minutes. Ce n'est bien sûr qu'un exemple. Chaque organisme a ses spécificités. Mais c'est un peu de cette manière qu'on arrive à progresser véritablement sans trop sentir le poids de la difficulté. La progression dans ce que vous avez décidé d'accomplir vous motive et constitue une véritable source d'inspiration, non seulement pour ce projet donné, mais également pour le reste de vos projets.

V- ATTEINDRE SON OBJECTIF - L'ACCOMPLISSEMENT

Il n'y a rien de plus gratifiant que le sentiment d'avoir accompli une chose pour laquelle l'on s'est décidée et l'on a travaillé pour. C'est un tout autre sentiment que celui qui vous anime quand vous aviez pris la décision. Vous avez atteint votre objectif, et cela affecte positivement votre propre estime. La confiance en soi augmente, et on sait désormais qu'on est une personne capable, une personne qui parvient à ses fins. Vous n'avez pas besoin que les autres le sachent ; de toute manière ils ne s'en préoccupent pas ! Mais vous, vous le savez. Et c'est la seule chose qui importe. Le fait d'accomplir un projet ou d'arriver à terme d'une initiative est une source d'inspiration pour entamer les autres projets que vous avez en attente. Je me souviens du jour où j'ai achevé l'écriture de premier ouvrage Maroc : Ma Joie – Ma Peine, j'étais si fier de moi. Et j'ai été transformé à jamais. J'avais toujours rêvé de devenir écrivain. Une fois que j'avais publié ce livre sur Amazon, je pouvais m'appeler écrivain. Et pour moi, ça c'était de l'accomplissement. Mon monde personnel avait changé, et je savais désormais que je pouvais atteindre les objectifs que je me suis fixés.

Dans le cas du jogging, si vous décidez de vous y mettre pour perdre 20 kg de poids par exemple, le jour où vous atteignez cet objectif, vous avez effectué un accomplissement. Et cela vous ouvre la perspective de défis encore plus grands. Et ça, c'est de l'évolution !

DE LA RÉUSSITE

À mon avis, la réussite, c'est tout simplement l'épanouissement. Vous avez réussi quand vous vous sentez épanoui. Ce qui signifie « réussite » pour un individu n'a pas forcément un grand sens pour un autre individu. Si, pour certains, la réussite consiste en l'accumulation de fortes sommes d'argent, d'autres ne considèrent par exemple comme réussite que le service aux autres. Mère Theresa est une belle illustration de la chose. Elle a dédié sa vie à la cause du bien. Aujourd'hui, elle constitue l'un des plus grands exemples de réussite. De l'autre côté, des personnes comme Elon Musk, Jeff Bezos et Bill Gates sont considérées comme des individus ayant réussi leur vie parce qu'ils ont réussi à amasser d'immenses fortunes. Mais à mon avis, leur véritable réussite consiste en le fait qu'ils ont pu réaliser leurs rêves au plus haut niveau. On comprend ainsi que la réussite est intimement liée aux rêves qui vous animent en tant qu'individu. Quel est votre plus grand rêve ? Votre désir le plus profond ? Une fois que vous trouvez la réponse à cette question, vous pouvez vous lancer sur le chemin de la réussite. Mais il n'est pas toujours facile de pouvoir répondre à cette interrogation. Qui plus est, la société et le système éducatif actuels nous ont façonnés tel qu'on a du mal à connaître nos véritables dons et désirs. C'est aujourd'hui difficile pour un élève ou un étudiant de dire clairement ce qu'il aime au plus profond de lui-même. Un changement doit être opéré dans le système éducatif pour permettre aux enfants de pouvoir s'orienter très tôt. Des pays tels que la Suisse ont sans doute déjà emprunté le bon chemin. Mais la plupart des pays occidentaux et africains sont encore à la traîne.

La réussite dans quelque domaine impliquera forcément un haut niveau de discipline et un caractère adéquat, deux sujets bien détaillés dans des chapitres dédiés. Ces deux éléments constituent des armes redoutables pour conquérir le monde. Et on comprend pourquoi ils sont difficiles à s'accommoder. Ils doivent être cultivés et peaufinés au jour le jour, d'heure en heure, à chaque instant de la vie. Moi-même suis encore loin de me les être bien appropriés. Il serait inutile de trop tergiverser sur ce sujet car la réponse à la question « qu'est-ce que la réussite ? » a déjà été fournie dans la première phrase du chapitre. C'est tout simplement l'épanouissement. C'est vivre une bonne vie, une vie dont on est fier, une qui est bénéfique aux autres, une vie disciplinée, une vie d'accomplissement, une vie remplie d'expériences, une vie qui se termine par le sourire.

CONCLUSION

Vivons une bonne vie, ça en vaut la peine !

Printed by Books on Demand GmbH, Norderstedt / Germany